TISCH
7

TISCH 7

Kristin Schulz

Das Elsterneinmaleins

Tisch 7

1. Auflage, Köln 2005

Herstellung: Sabine Schrage Mediengestaltung, Köln
unter Verwendung einer Illustration von Xavior, Bonn
Satz: Marion Haimel, Köln
Druck und Bindung: Kösel, Altusried-Krugzell
www.tisch7-verlag.de
Printed in Germany

ISBN 3-938476-07-9

Inhalt

And I wonder if I see another highway.

Jackson Browne, Nico

One for sorrow
Two for joy
Three a girl
And four a boy.

Kleines Elsterneinmaleins

Zu Lebzeiten

trumpfen wir auf ohne das blatt unseres lebens zu kennen.

verschieben wir menschen die möglichkeiten als seien es täuschungen. wir haben uns nicht erwartet; wenn das licht stumm wird fängt die dunkelheit an zu reden. komm bleib und nimm: es ist alles bereit. empfangen wir sie als hätten wir rund geöffnete münder geweitete augen und ohren gespitzt die nichts verfehlt. meine taubheit meinen eifer meine schneeschmelze übergebe ich dem winter daß er in der gewißheit verschwindet nichts zu verfehlen. kommen wir von den bergen. haben wir herden von kühen bei uns. die sonne hoch oben die keine andere arbeit hat als uns erfüllt zu ermüden. schaden wir einander mit unseren gierigen mündern wenn ihnen ein schwall – wären es worte – entrinnt. verlangen wir alles nur um das wenige zu bekommen das wir etwas nennen. etwas das nicht verlischt nach einem atemzug.

in vergleichen messen wir die hemmschwelle aus ohne sie zu übertreten. es gibt ähnlichkeiten und unterschiede. die einen überraschen die anderen weisen den weg.

ging es dir ähnlich. bin ich dir fremd. haben wir etwas vor uns. geht das noch lange ohne ungeduld. gibt es die schönheit ohne überheblichkeit sie gelten zu lassen als einzige.

bare münze zahlen wir. aber besteht das leben aus naturalien die wir schlecht werden lassen in der genugtuung sie lediglich zu überdauern.

die allmende haben wir abgeschafft. als ob es uns wohltäte uns nicht abends zu versammeln unter einer linde und einem gestrichen vollen himmel. mauersegler und schwalben in unserer nähe in aufgeregten flügen ermahnen den abend mit schreien nicht geräuschlos zu verstreichen. die gespräche zwischen nachbarn und den am dorfrand lebenden. ruhig und unterbrochen nur von dem scharren auf der festgetretenen warmen erde. hin und wieder ein räuspern ein nicken das kratzen am kopf in bedachtsamer langsamkeit.

mindestens. begnügten wir uns nicht mit weniger.

ohne musik werden wir leiser geworden sein bald unhörbar.

Roadkill. South Dakota

Da saß einer auf einer Straße und rührte sich nicht vom Fleck, obwohl der Asphalt aus der Entfernung vor Hitze flimmerte. Die Hitze war Tarnung. Wanda war müde. Sie schaute nicht hin. Sie kniff die Augen zusammen und blinzelte. Jeff fuhr schweigend, und sie war dankbar dafür. Alles, was nah lag, war gut. Das Bier. Die Zigaretten. Und wie der Fahrtwind mithalten wollte mit dem Motor.

Sie saßen im Auto, seit Stunden schon. Seit Stunden schon verfügte die Landschaft über den längeren Atem, und sie sonnten sich in der Trägheit, hier zu sein und mit unveränderlicher Miene. Die Häuser, spielzeuggroß, hatten ihre Haltung aufgegeben und an Farbe verloren, manchen fiel der Giebel aus der Stirn, andere zeigten einfach ohne Grund ein trauriges Gesicht. Die Fenster spielten keine Späher mehr. Ihr Glanz war erloschen und damit die Frage an jeden Vorbeikommenden, ob er die Einladung mißverstünde und ausschlüge. Bier oder Hot dogs oder dünn gebrühten Kaffee. Meistens Bier. Oder ein Kopfnicken des Farmers, und wer ist schneller mit dem Gruß. Nie ist es der Fremde, nie konnte sie es sein, sie verweilte zu lange bei dem Gesicht.

Sie fuhren langsam genug, mit Autopilot. Ihr Eigengewicht hing irgendwo auf den Sitzen wie zwischen Seilen, aber die Straße haftete ihnen an, dieses gleichförmige Band, das sich durch ihre Fahrt erst zur Straße ausrollen ließ, rosa, grau oder braun. Manchmal gab es Flecken auf dem Band, aber so wie es Telegraphenmasten gab, die Leitungen folgten immer parallel der Straße, als Geländer für Vögel oder ähnliche Luftreisende. Eine andere Gegenwart war nicht zu erfahren, die Insekten behaupteten ihr Echo lauter.

GINO'S TAKE AWAY STORE war geschlossen. Nichts erinnerte an das, was hinter ihnen lag. Kein Verkehrsschild zur besseren Orientierung. Keine handgeschriebenen Entfernungsangaben zum nächsten Reparaturposten. Der Rückspiegel war abgewandt, zumindest von Wandas Seite aus, und sie mußte sich schon umdrehen, um zu sehen, daß ihnen niemand folgte oder wie die Telegraphenmasten von hinten aussahen. „Sie sehen genauso aus", dachte sie und drehte sich zurück. Jeff oder Bill griff zur Bierdose, die er schon neigen mußte bis über Stirnhöhe. Es war Zeit für eine Pause. Den Tank füllen sowie den Vorrat auffrischen. Die Poster lesen, die überall an den *gas stations* und *mini stores* hingen. 10 $ Strafe zahlte, wer der Kassiererin frech kam oder unhöflich oder die Absicht zu Rassenhaß bekundete. Was strafwürdig war, entschied die Kassiererin. Meistens sparte sie an Worten, war jedoch nicht unfreundlich. Man konnte mehrere Male zwischen den Regalen entlanggehen, ohne daß sie einen bei der Suche unterbrach. Man suchte so lange, bis man gefunden hatte. In dieser Art von Geschäften fand man immer, wonach man verlangte. Die Gespräche der Männer im Imbißbereich wurden abgelöst von den Blicken, die sie Wanda zuwarfen. Die kannte sie schon, von Jeff oder Bill. An den Gesprächen wäre sie interessierter gewesen. Jeff oder Bill kaufte Bier. Das Bier, für das die Neonschrift im Fenster warb, und Erdnüsse. Wanda machte ihre dritte Runde zwischen den Regalen. Die Speisekarte war in einzelnen Buchstaben nachlässig auf schwarzem Untergrund befestigt, manchmal fehlten die Preise, oder ein Buchstabe war abgestürzt. Es gab keine Verwechslungen hier. Erdnüsse reichten.

Bald schon war Ed's nicht mehr zu sehen, es hätte auch Mike's sein können oder Bob's. Vielleicht wäre die Bierwerbung anders gewesen, eine Gitarre oder ein einfaches Dreieck. Die Bedienung wäre auch da übergewichtig, und die indianische Abstammung hätte sich irgendwo über den Backenknochen verloren, wäre aufgeschwemmt gewesen wie das Land, von dem sich der Mississippi erst am Ozean trennen würde. Es hätte nach Fritten und Burgern gerochen. Wie riecht Büffelfleisch?

Es war nicht weit von Ed's. Bill oder Jeff hatte gerade die Bierdose geleert. Irgendein Fleck auf der Straße.

Man muß nicht unbedingt abbremsen bei 55 Meilen pro Stunde, die Tiere sind meistens schneller. Wanda sah zu Jeff oder Bill rüber, zu seinen Händen, von denen eine sich vom Lenkrad löste und auf ihre Seite wanderte. Der Autopilot funktionierte. Sie wunderte sich nicht, obwohl sie erschrak.

Das, was da auf der Straße hockte, war ein Indianer. Er hätte auch aufstehen können. Sich mit der Windesflügelkraft der Insekten erheben können. Sich verbergen können, verborgen in Geduld abwarten, bis einer von ihnen die Flügel strich. Er war schwer geworden über die Jahre. Ein Stein. Kein Hindernis.

Wie schmeckt Büffelfleisch? Sie konnte sich nicht erinnern. Auch nicht an einen Aufprall oder Schlag.

„Die stehen nicht auf, die bleiben einfach auf der Straße sitzen. Da muß man schon drüberfahren, damit was passiert." Das war 50 Meilen vom Reservat der *Crow Creek*-Indianer entfernt und einen halben Tag her, in Mitchell, wo man verdammt stolz darauf war, einen CORN PALACE zu haben, der wie ein aufblasbares Gummischloß für Kinder aussah, im Zwiebelturmstil. Jagdszenen aus unterschiedlich eingefärbten Maiskolben, Muster der Wiederholungen, bedeckten die Fassade. Ein Zweck war dem Gebäude nicht ablesbar, es wollte gesehen werden, damit man es vergessen konnte. Dunkelbraun waren Gewehr und Adler. Kolben für Kolben. Und ein Arm reichte nicht aus, sich dagegen zu wehren. Das Auge wurde selbst mit Streifschüssen verwundet. Bei Rührei und Muffins, an denen Wanda würgte, dankbar für jede Frage nach „Mehr Kaffee?", auf die sie freundlich reagieren konnte. „Minneapolis, Berlin, das wird eine schwierige Zukunft für eine Beziehung", sagte die Gastwirtin da schon freudestrahlend, und Wanda mißverstand die Aufmunterung extra und antwortete, „Ja, mehr Kaffee bitte." Die Wirtin nahm ihnen nicht nur die Geschichte ihres Kennenlernens, sondern auch noch die Folgen ab, die sie in die Zukunft vorverlagerte, in der Wanda nicht mehr in den Staaten sein würde und auch nicht in Mitchell. Wanda war schweigsam, Jeff oder Bill wunderte sich, sagte aber nichts und schob ihr verlegen eine Hand über den Tisch. Sie gab ihm die Hälfte ihres Muffins, und er zog seine Hand zurück.

„Wir müssen hier raus. Es wird anders werden. Ganz anders. Abgemacht?" sagte er, wieder im Zimmer oben angekommen. Sie mußten noch ihre Sachen packen, bevor sie verschwinden und Mitchell und die Wirtin mit ihrem *corn muffin* und CORN PALACE verlassen konnten. „Ich weiß nicht mehr wo …", begann Wanda, ließ sich aber aufs Bett fallen, ohne den Satz zu beenden. Es gab kein Ende dafür. Der Ventilator spann sein Insektengeräusch weiter über ihren Köpfen hin, sie wurde ruhiger. Die Hitze war unverändert und ein Wetterumschlag nicht zu erwarten. Seit der

Kaktusbar am Abend zuvor hatten sie sich nicht mehr geküßt, da wo der Gin nach Grapefruit schmeckte, obwohl er pur war. Wanda streckte ihren Arm verlegen Jeff oder Bill hin und überlegte, ob das wohl schon eine Ausfälligkeit einer Indianerin gegenüber sei, für die man mit 10 $ büßen müsse. Die Reichweite ihres Gefühls jedenfalls war zu kurz berechnet, und sie fühlte sich erstarrt und elend, und so schob sie ihn nach einer Weile weg. Die Schmetterlinge mußten, erinnerte sie sich, auf ihren Gesang wieder verzichten, damit sie sich von den Vögeln unterschieden, die um ihre Stimmen feilschten. Das hatte der große Schöpfer entschieden. Es machte nichts, sie waren auch so schön. Wie der Indianer. Wanda sah es und wußte es vorher. Und sie wußte, daß es nichts ändern würde und daß Jeff nicht wissen würde, warum sie so traurig war und eine Kindheit von ihm entfernt, mindestens. In Gedanken versuchte sie es für ihn in Meilen pro Stunde zu übersetzen: Jetzt waren es 55 mph, die sie trennten. Wie sollte er auch wissen, warum sie keinen Lehrpfad in einem authentisch rekonstruierten Indianerdorf betreten würde mit Berührungsmaterial von Fellen und Pfeilen und zahlreichen Knöpfen, nach deren Bedienung ein Büffel aus dem Lautsprecher zu brüllen anfinge. Und warum sie dem Indianerdorf niemals seine Echtheit abnehmen würde, es sei denn, sie hätte da wohnen dürfen und sitzen bleiben. „Man kann im Museum nicht wohnen, das wird nach fünf dichtgemacht, und die Wärter verlassen den

Ort", stellte sie sich Jeffs kopfschüttelnde Belustigung vor, „laß uns ein *bed and breakfast* suchen ..." Und nach einer Weile: „Deine Indianer, die möchte ich einmal sehen ..." Sie wandte sich ab und schloß die Augen. Warum sollte er auch aufstehen, dachte sie nur noch und: Beim nächsten Mal werde ich mich zu ihm setzen.

Jeff oder Bill war ein umgänglicher Mensch. Ohne ihn zu kennen würde sie sagen: ein Amerikaner. Wanda hatte ihn in einem *coffee shop* auf der Hennepin Avenue in Minneapolis getroffen. Sie wollte gerade zahlen. Da gehörten seine Augen schon gar nicht mehr zu ihm, so fest hatte er sie ihr angeheftet. Bis auf seinen Aroma-Tick ließ es sich aushalten mit ihm, eine ganze Woche nun schon. Für ihn mußte alles Geschmack haben und stark sein. Auch wenn der Gin nach Grapefruit schmeckte.

Was sie haßte, war, wenn er aus dem fahrenden Auto heraus photographierte, und wenn sie fuhr, versuchte sie zu beschleunigen, damit die Bilder verwackelten. Am meisten störte sie, wenn er ihr sagte, sie solle doch auch darauf achten, wenn noch mal solch ein Weiher mit totem Gestrüpp und Bäumen auftauche, solle sie anhalten. „Ich halte an, wenn du es mir sagst, woher weiß ich, was du photographieren willst", antwortete sie. Sie ärgerte die Zufälligkeit seiner Bilder, die er den ihren abguckte. Wenigstens war sie nicht auf Leitmotivsuche. Und von Stillebenarrangements hatte sie im Leben genug, warum sie vermehren ... Doch sie schwieg. Sie hatte den Weiher nicht gesehen, an dem er sie bat, anzuhalten. Sie bremste abrupt, griff nach der Bierdose und stieg aus, sich eine Zigarette anzündend. „Soll ich mich dazustellen?“ fragte sie und verrenkte ihre Arme in die Luft. „Es geht schon ...“, antwortete er nachlässig und zerstreut, und sie verstand ihn kaum. Sie hockte sich auf die Straße.

„Jetzt komm endlich“, rief er, als sie nicht aufstand und er seinen Photoapparat schon längst wieder verstaut hatte. In diesem Moment haßte sie ihn, zufällig ihn. Sie wollte nie als Figur in einem Roman auftauchen, und nun war ihr Leben schon so nah dran, mitten in South Dakota. Sie war genau da, wo sie als Kind schon einmal gewesen war. Nur hatte es damals anders ausgesehen, es gab keine Straßen, und anstatt in diesem alten Cabriolet zu sitzen ritt sie barfüßig auf einer Fuchsstute, meistens Galopp, um den Weißen zu entkommen, die mit Feuerbüchsen auf sie zielten. Für ihren Namen war sie lange in die Berge verschwunden, allein, bis sie einen Stein fand: Stein mit Hörnern. Der große Geist sprach nicht englisch. Damals hatte sie ihn verstanden.

Sie hat den Indianer ihrer Kindheit nie getroffen. Vielleicht hätte sie ihn nicht erkannt und statt dessen gelacht. Sicherlich hätte er sie zuerst gegrüßt, und sie hätte grinsen müssen, weil sie wieder nicht schneller war. „I like the way you walk, where are you from?“ Dabei hätte sie zum Bezahlen an der Kasse gestanden, oder sie hätten längst schon angefangen zu lachen. So hatte sie Jeff oder Bill kennengelernt.

„Wenn das unsere Wirtin in Mitchell wüßte", schoß es ihr durch den Kopf. Sie malte sich eine Beziehungsvorhersagekarte in ihrer Vorstellung aus, mit Kontinenten und Strömungen in ständigem Fluß. Längerfristig war sie mit deren Verlauf nicht zufrieden, aber im Moment stimmte der Wechsel der Fronten noch.

„Wann halten wir endlich an und ruhen uns aus?" fragte sie Jeff oder Bill und stellte sich Regen dazu vor und wie es klang, wenn er auf das Wagendach fiel. „Wenn es dunkel wird", sagte er, und sie verschluckte ihre Enttäuschung. Es hat keinen Zweck, dachte sie und schwieg.

Sie fuhren auch noch, als es längst dunkel war. Einmal machte Jeff oder Bill einen abrupten Bogen, und sie sah eine Eule davonflattern, die wohl auf der Straße gesessen hatte. Es war nur eine Eule.

Wanda hatte einen Schrei übrig, der nicht mehr zu ihr gehören wollte, seit der Indianer auf der Straße gehockt und Jeff ihn überfahren hatte, er umflatterte Jeff oder Bill wie ein angreifender Raubvogel und schlug sein Quartier in ihren Ohren auf. Sie hatte sich nicht umgesehen. Aber sie wußte, daß der Indianer sich nicht bewegt haben würde. Und daß die Telegraphenmasten symmetrisch sein würden von hinten, was sie von ihrer Vergangenheit und Zukunft nicht mehr sagen konnte, dachte sie noch. Wie sterben Steine?

Bei dem nächsten Waschbären, der tot an der Straße lag, zuckte sie zusammen, ein Reflex. Dafür gibt es also Automatik, dachte sie und daß es mit den Gefühlen doch eine Sache der Verzögerung ist, der Trägheit. Sie hätte zahlen sollen auf der Hennepin Avenue, Minneapolis. Statt dessen fuhr sie weiter, immer weiter in diesem Sitz, in diesem Auto, auf dieser Straße, die immer einem Horizont zustrebte, ohne ihn je zu erreichen, auch wenn es im Dunkeln so aussah. Eine Sache der Trägheit, auch die mit Jeffs Armen, einfach nur aushalten, immer weiter, es hätten auch Bills sein können. Es reichte ja, daß die Landschaft sich nicht mehr aufhielt mit Einzelheiten, nur wenn sie ihr Auge weit auswarf, mit Geduld, zögerte sich ein Stern in ihr Erkennen oder ein einzelnes Licht einer Farm, einen Moment lang, bevor sie wieder verschwanden.

Gelb, dachte sie, wäre die Farbe des Steins, und schloß die Augen, bis es erlosch. I saw many roadkills today, wiederholte sie den Satz, den Jeff oder Bill genannt hatte, als er ihr von dem Wort erzählte, technisch. I did, dachte sie noch und haßte sich für die Zweideutigkeit ihrer Gedanken.

Sie fuhren, und Wanda schlief ein. Als sie erwachte, war es bereits hell geworden. Sie kurbelte das Fenster runter, um näher dran zu sein an dem Staub und dem Gras, obwohl sie fast erstickten, die Straße war nicht länger asphaltiert. „Siehst du, so weit sind wir nun schon, wir haben alles in Staub, Staub kommt nach dem Stein, Staub ist ewig“, sagte sie und nickte mit dem Kopf dazu, so sehr überzeugte sie der Gedanke. „Könntest du dir vorstellen, mit dem amerikanischen Präsidenten zu schlafen?“ fragte Bill, das alte Spiel Waswärewenn eröffnend. Sie hatte keine Lust, über mögliche Änderungsperspektiven nachzudenken und die Konsequenzen daraus für den Weltfrieden und Raketenabwehrsysteme zu schlußfolgern, und sagte nur: „Ich würde seinen Sekretär vorziehen.“ Sie fuhren schweigend weiter. „Was ist mit Hitler?“ Sie schob die Frage darauf, daß Jeff Amerikaner war, für den sie als Deutsche geradlinig von Hitler abstammte. Wanda hatte Jeff oder Bill nicht viel von sich erzählt, er hatte nicht gefragt; und es war ihr angenehm, daß auch ihr Herz inkognito blieb. Sie hatte Amerikaner getroffen, denen es absonderlich vorkam, einen Apfelgriebsch mitzuessen. Immerhin, an diese Eigenart hatte Jeff oder Bill sich gewöhnt. Dafür sorgten vielleicht seine litauischen Vorfahren, die erst vor zwei Generationen in die Staaten gekommen waren und die mit Apfelgriebschen noch unbefangen umgingen. „Nimm's nicht persönlich, es war nicht so gemeint“, sagte er, als sie schwieg, „vielleicht wäre er dann nicht Hitler geworden.“ Sie mußte an den toten Indianer denken und daß man nur persönlich miteinander schlafen kann. „Warum hast du ihn überfahren?“ fragte sie nach einer Weile und fragte noch einmal: „Warum hast du ihn überfahren?“ „Es ist dasselbe persönliche Spiel“, sagte sie noch und beruhigte sich erst, als sie das gleichmäßige Geräusch der Scheibenwischer wahrnahm, die Regen von der einen Seite zur anderen rüberschaufelten. Nichts zuckte in seinem Gesicht, auch nicht seine Schultern. Es hatte zu regnen begonnen, ohne jeden Sinn. Wanda malte mit den Fingern eine Sonne in den Staub auf ihrer Beifahrerlehne und wartete darauf, daß die durchs Fenster eindringenden Tropfen sie zerstören würden. Jeff oder Bill schaltete die Frequenz der Scheibenwischer hoch, das war seine Art zu kämpfen, rhythmisch, im Takt, als wäre dem Angriff des Regens mit Monotonie beizukommen.

I think you failed in love with me, dachte sie und daß er sie sicherlich korrigieren würde, wenn sie es ausspräche. „You failed", sagte sie, und er schnipste mit den Fingern gegen den Zettel, den er mit einem Bindfaden an dem Rückspiegel befestigt hatte, „tasteless", stand da mit Bleistift und kleinem „t" draufgeschrieben. Sie strich den Zettel mit den Fingern glatt, bevor sie ihn zwischen die Lippen nahm und daran leckte. Er schmeckte noch immer nach Staub, und das war alles. Es wäre so leicht sich zu verbünden, aber mit wem, und es hat keinen Zweck, dachte sie wieder, der Indianer hätte nicht mitgemacht. Sie kannte ja nicht einmal seinen Namen.

Jeff oder Bill beschleunigte gerade mit unverändert starrer Miene, den Kopf leicht nach hinten an die Kopfstütze gelehnt, und sie merkte noch, wie das Getriebe von sich aus den Gang wechselte und dabei ein kurzes Mal zögerte, bevor sie immer schneller wurden.

Dead end. Chicago

Lena hatte ihren Geliebten in Wladiwostok sitzen. Das war da, wo Anna sich immer das Ende der Welt vorgestellt hatte, und nun befand sie sich selber dort, am anderen Ende, in Chicago, ohne sich über die unversehens veränderte Perspektive allzu sehr zu wundern. Lena hatte sich gerade von ihrer letzten Internetbekanntschaft getrennt, wobei Anna bei dem Medium nicht wußte, ob das bereits den Schlußstrich unter einem Abenteuer bedeutete, auf das Lena nur schwer verzichten konnte. Lenas Mann war unterwegs auf einer Konferenz, als russischer Atomphysikspezialist reiste er oft. Er war überaus gefragt, so daß sich ihre Begegnungen auf eine Partie Tischtennis bei Freunden oder einen Ausstellungsbesuch im FLAT IRON BUILDING beschränkten. Einer von Lenas russischen Bekannten, ein Dichter, der nebenher Masken aus Ton baute, hatte diese dort im Treppenhaus aufgehängt, und Anna bekam einen Fisch aus Ton von ihm geschenkt. Später setzte sie ihn im Michigansee aus. „Sip my ocean“, dachte sie, aber er wandte sich sofort dem Grund zu.

„Wie heißt dein Geliebter?“ hatte Lena sie gefragt, als die beiden zum ersten Mal im FLAT IRON BUILDING waren. Anna wußte nicht, ob sie Till als Geliebten gelten lassen konnte und antwortete: „Till“. „Klingt deutsch. Wo steckt er, in Berlin?“ Anna schwieg, da sie die Frage nicht genau beantworten konnte, sie schwankte zwischen Mittelalter und griechischer Mythologie, aber da hatte Lena ihr schon eine Wimper stibitzt und sie ihr unter die Nase gehalten: „Du hast einen Wunsch frei, sieh zu, wie du ihn fesselst …“

Sie liefen schon wieder durch Downtown wie immer, wenn ihnen nichts Besseres einfiel, als den Menschen aufs Gesicht zu gucken und gleichzeitig auf der Hut zu sein vor einer Abnutzung der bekannten Gesichter. Aber die Straßen lagen still und kaum mehr bevölkert, an einem Freitag wie jenem. „Laß uns tanzen gehen“, sagte Anna und zupfte an ihrem Rock, bis er ganz zipfelig aussah. Es wurde bereits dämmerig und außer DUNKIN' DONUTS waren alle Geschäfte geschlossen und gitterbewehrt. Nicht einmal in die Eingangsbereiche konnte man eintreten, auch da zählten die Schuhe in den Auslagen schon zum schützenswerten Eigentum. Ein paar Schwarze liefen vorbei und verschwanden in einer U-Bahn-Station der *Green line*, die ihre Gleise in diesem Teil der Stadt über der Erde führte, damit man unter den Bögen großartige Verfolgungsjagden für Gangsterfilme drehen konnte. The Green Mill, Al Capones Lieblingsbar, die mit den zwei Ausgängen, zog ihren Ruf immer noch aus der ehemaligen Stammkundschaft, auch wenn die Besucher heute ausnahmslos zu seinen Opfern gezählt hätten. „Dafür bin ich viel zu alt“, sagte Lena und zeigte Anna wie zum Beweis ein Stück ihres Bauches, auf dem man vergeblich nach den Spuren einer Geburt suchte. „Das ist neun Jahre her, und seit der Geburt deines Sohnes gab es bestimmt schon andere, die sich zur Rückbildung von Falten eigneten …“, sagte Anna. „Eifersüchtig?“ fragte Lena, und Anna mußte an die Tränen denken, wenn Lena von Alex erzählte, der am anderen Ende der Welt nicht seinen müden Hintern hochbekam, obwohl es doch nur ein halbes Land zu durchqueren galt bis Moskau und Moskau wenigstens schon die Stadt aus Lenas Träumen war, die sie mit ihm hätte teilen mögen. Aber an seinem Hinterteil hingen außer der Gravitation auch noch Frau und Kinder, die Fliehkräfte reichten einfach nicht aus, um Lena ein Stück entgegenzukommen. „Noch 500 Meilen bis Buffalo, die schaffen wir auch noch“, sagte Anna, mehr sich selber tröstend, „laß uns erst mal das Hancock Center nehmen, da kriegen wir Abstand von den Schluchten der Hölle.“ „Mit dir ist der Himmel aber auch nie zu vermeiden“, meinte Lena, und Anna stimmte ihr zu.

Lena liebte Flugzeuge, die Nichtorte waren für sie. Anna mußte im Flugzeug immer an „Fight Club“ denken und daran, wann zum ersten Mal ein Seifenfabrikant neben ihr auftauchen würde, der irgendwas von portionierten Bekanntschaften faselte. Bisher hatte sie nur Handlungsreisende oder Piloten oder Achim neben sich gehabt. Der war Taxifahrer, die eine Hälfte des Jahres, und die andere Hälfte in Nepal auf Vogelexkursion. Lena flog meistens mit ihrem Sohn, und so verloren die Schwerpunkte nicht gänzlich an Gewicht. Das faszinierte und erschreckte Anna gleichermaßen, kam ihr doch der Boden der Tatsachen, auf dem Lena für ihre Person bestand, auch nicht gerade erdbebensicher vor.

Als Lena Anna zum ersten Mal auf den Mund küßte, war Anna erschrocken und überrascht von der Art ihrer eigenen Befangenheit. Dabei kannte sie Aquariumsküsse von Männern. Dieses vorsichtige Tasten wie ein Wels, der an der Wand klebt, das fiel ihr ein, obwohl sie eigentlich nur den Atem ausstieß, um nicht zu ersticken daran. Lena hatte wohl von Annas Überrumpelung genug, und seither bewegten sie sich tänzelnd, doch sicher auf der Stufe des Nochnicht/Alsob. „Du bist echt der letzte Schrei", sagte Lena jetzt und umarmte sie. „Und du bist vom Echo auch nicht weit entfernt", gab Anna zu, und sie krümmten sich vor Lachen.

Im Hancock Center auf der 96. Etage war die berühmteste Damentoilette ganz Chicagos, man mußte sich allerdings trauen, die Türen der Kabinen offenzulassen, und schon hatte man den Blick auf das südliche Downtown und die zweizackige Gabel des Sears Tower, die von hier betrachtet jedoch nur harmlos aussah. Die Wolken schwammen zwar noch etwas weiter oben, aber auch sie waren ihre Schatten schon losgeworden, die wie riesige schwarze Tintenflecke auf dem Michigansee herumlungerten, der auch immer gestaltloser in der Dunkelheit wurde. Flugzeuge verschwanden geradlinig mit ihren Blinksignalen in so weiter Ferne, daß Anna der Erde ihre Krümmung nicht mehr abnahm und schnell einen Gruß gen Osten schickte, da wo sie Berlin vermutete oder Moskau vielleicht oder Till.

„Was ist für dich ein Grund, das Land zu verlassen?“ fragte Anna ihre Freundin und stieß dabei die Tür ihrer Kabine weit auf. „Welches?“ gab Lena hinter der Wand zurück. „Eins, egal“, antwortete Anna und dachte dann an das Leben, das zurücklag hinter Lena, von dem Anna fast nicht mehr wußte, als daß sie froh war, daß es Lena so weit hatte kommen lassen, bis Chicago und bis zu ihr. Und Anna dachte daran, daß es einen Grund geben müsse auch fürs Kommen, der nichts mit der Vergangenheit zu tun hatte und auch nichts mit dem Wechsel eines Präsidenten. Einen solchen hatte sie nun schon mitbekommen in diesem Land, aber auch die Gegner des neuen Präsidenten saßen nach wie vor bei Bass oder Leinenkugel, dem billigsten gezapften Bier im Rainbo Club, und vertrieben ihren Kater am nächsten Morgen höchstens mit einer Bloody Mary aus den Muskeln. Als Ausländerin war Anna nicht stimmberechtigt. Sie las jedoch detailliert über das Abendessen der Präsidentschaftskandidaten im Familienkreis am Vorabend der Wahl und war automatisch Insider auf höchster Ebene geworden. Aber ein Präsident ist eben auch nur ein Mensch, und das galt hier in abgeleiteter Form als Qualität, die Vertrauen schuf.

Till würde Anna nicht besuchen kommen, soviel stand fest, und sie bekam Alpträume davon. Oder davon, daß man nur in der eigenen Sprache verblutete, und keiner der zahlreich Herumstehenden sie verstand. „Das ist keine Schminke", rief sie ihnen am Boden liegend zu, aber sie strichen ihr nur den Ketchupfleck vom Bein, der aus einem überquellenden Burger auf sie herabtroff. „Sorry, honey, I'm so sorry …" „Why isn't she getting up?" fragte ein älterer Herr mit Brille, und ein anderer: „What's happening?" „She is tired", antwortete ein Mädchen, und Anna schüttelte ihren Kopf und hielt ihre Hand hoch, die mit Blut verschmiert war, zum Beweis, die der ältere Herr aber als Aufforderung mißverstand, ihr hochzuhelfen. Umständlich stellte er seine Aktentasche ab, zu einem jungen Puertoricaner murmelnd: „Couldn't you help her, please?" aber Anna hatte ihre Hand schon zurückgezogen, weil sie nicht mehr bewegt werden wollte. Sie wußte, daß sie verblutete, und stöhnte nur noch, aber das war schon kein Deutsch mehr und wurde von den Umstehenden nur als Artikulationsversuch in der ihr fremden Sprache, die sie zwar verstand, aber nicht sprechen konnte, mit Jubel und Ermunterung begrüßt.

Als Anna aufwachte, sah sie Tills mitleidlosen Blick vor sich, der sagte: „Das ist kein KZ. Ich muß dich da nicht rausholen." Und sie starrte ihm hinterher in die Dunkelheit, froh, Deutsch zu hören und das ganze als Alptraum ausgeschieden zu haben, ohne daß es sie mehr als Schweiß gekostet hatte. Ihren austreibenden Wünschen fehlten da bereits die Wurzeln, sich zu verzweigen, sie wucherten lediglich noch in den Briefen, die den Ozean zwischen ihnen überwanden, stellte sie beinahe mit Erleichterung fest. Einmal hatte Anna Till eine Weltkugel geschickt und hinterher gedacht: „Hätte er eine Pistole, er würde sie abschießen." Das fiel ihr ein, aber sie war lange genug weg, um nicht traurig zu werden darüber. Und sie glitt hinüber in den traumlosen Teil der Nacht.

Vor wirklichen Schießereien, bei denen sie betroffen hätte sein können, hatte sie auch keine Angst mehr. Glaubte sie zumindest. Sie grüßte die Leute in ihrer Straße und diese kannten sie, wobei sie Anna vor allem ihres Fahrrads wegen ansprachen, das sie auch bei Schnee und Frost jeden Tag benutzte. Ihre erste Erfrierung hatte sie sich in New York geholt, als sie sich nach mehreren Stunden immer noch nicht entschließen konnte, die Straßen zwischen *Alphabet City* und *Lower West Side* gegen das Innere eines Cafés einzutauschen. Es war nur Haut, auch wenn es nachts schmerzte, die hatte sie übrig, obgleich sie damals nicht recht wußte, warum sie es in New York so lange aushielt.

Lena riß sie aus ihren Gedanken: „Bist du so weit? Was ist los. Bei der nächsten Gedankenflucht wirst du erschossen“, sagte sie, gegen die Zwischenwand der Toiletten wummernd. „Na warte“, rief Anna und beeilte sich, Lena hinterherzukommen, die schon aus dem Klo gestürmt war. Sie wartete unten vor dem Fahrstuhl auf Anna und lachte, und nach einem Moment, in dem sie ihr in wilder Jagd in die Augen geschaut hatte: „Auf die Tänze – fertig – los!“ und sie rannten jubelnd davon.

Anna tanzte mit einem jungen Amerikaner aus Sacramento, der sie nach Kalifornien einlud, und immer wieder mit Lena, bis ihnen die frühe Sperrstunde um zwei Uhr morgens wieder ins Gedächtnis rief, wo sie waren, LAVA LOUNGE, Damen Street, Chicago. Sie hörten auf zu tanzen und blinzelten in den hell erleuchteten Saal, nicht ohne noch mit dem DJ um ein letztes Lied zu feilschen, schließlich waren sie fremd hier und mußten sich immer wieder neu abfinden mit der Sperrstunde und den Blicken, die so schwer einzuordnen waren. Es machte eine angemessene Reaktion auf diesen Übergang von Blick zu Blickkontakt so kompliziert, wenn man erst darüber nachdenken mußte, wann er stattgefunden hatte, dachte Anna auf dem gemeinsamen Heimweg. „Zuhause“, das stand an der Wohnungstür, und wenn man die Karte aufklappte, kamen zwei

Namen zum Vorschein. Annas war darunter, das beruhigte sie jedesmal, wenn sie es sah. Auch wenn Lena sie immer wieder damit aufzog.

Anna wohnte zusammen mit Azra in der Nähe des Humboldt Park in einer WG, in der die Kaution dafür draufging, bei Parties die Lautstärke der Musik nicht dem Empfindlichkeitspegel der Hausbesitzerin anzupassen, die unter ihnen wohnte. Nachts fuhren dort nur *United Cabs*, deren Fahrer teilweise auf Fahndungslisten kursierten, alle besseren Firmen trauten sich um die Uhrzeit nicht mehr in diese Gegend, die aufgrund der Gangs ihren zwielichtigen Ruf noch immer genoß, obwohl die meisten Clans längst weiter im Stadtwesten lebten. Azra, Anna und Lena wurden nie belästigt, auch wenn man sie gelegentlich mit den wenigen Prostituierten, die man auf der North Avenue treffen konnte, verwechselte. Der Heimweg nach ein paar Gläsern zuviel in der Lava Lounge war jedoch wie immer beschwerlich. Von Gleiten oder Landen konnte keine Rede mehr sein. Ob die Tragflächen wohl reichen würden bis Berlin? fragte Anna sich noch, als sie Lena vor ihrer Haustür verabschiedete. Wahrscheinlich nur bis Buffalo. Und was sollte sie in Buffalo. Die Deutschen hatten sich schon einmal verirrt, als sie nach Milwaukee kamen. Und nun schmeckte auch ihr Bier schon zu dünn gebraut. Anna war müde, und so übernahm bald der Schlaf es, ihre Gedanken zu lenken.

Am nächsten Abend gingen sie zu dritt ins Konzert, METRO CLUB. *Yo La Tengo*, sollte es nicht besser „yo la obtengo“ heißen, dachte Anna, doch warum ‚sie‘? Azra zog eins von den eingeschmuggelten Bieren hervor und reichte es Anna, um auf südosteuropäische Art den Kapitalismus wenigstens um ein paar Dollar zu prellen. Anna hatte nichts dagegen, zumal sie regelmäßig ihren Konzertzehnt ans DOUBLE DOOR zahlte, das in den Händen desselben Besitzers war, und begann zu trinken. An Tanzen war nicht zu denken, das Publikum war zu jung, um mit ausschweifenden Bewegungen im Raum auf die Musik zu reagieren. Es sah aus, als wären sie alle gerade 21 geworden und feierten still, besonnen und erwachsen ihren Schwellengeburtstag, mit dem wenigstens diese Segregation überwunden war, die sie vom Alkoholgenuß ausgeschlossen und lange genug persönlich betroffen hatte. Anna suchte nach schwarzen Gesichtern, entdeckte ein paar, suchte weiter. Einen Augenblick lang tauchte Tills Gesicht aus der Menge auf, und Anna schüttelte fröhlich ihre Fäuste, woraufhin seine Haare wuchsen, schwarz wurden und sein Gesicht die Züge eines jungen Amerikaners annahm, der 21 Jahre zählte. Anna wandte sich verzweifelt wieder der Bühne zu, aber auch von da war keine Hilfe zu erwarten. Sie hoffte auf „Speeding Motorcycle“ und Daniel Johnston am anderen Ende der Leitung, eine Veränderung, die dringlich war, wenigstens der Atemgeschwindigkeit, warum wußte sie nicht, aber es regnete nur in irgendeinem weiteren Lied, wahrscheinlich über Stockholm, und das konnte sie einfach nicht glauben. Wieder draußen starrte Anna mehrfach prüfend in den Himmel. Azra schüttelte nur den Kopf und ließ es auf sich beruhen. Seit dem Krieg in ihrer Heimat, bei dem ihre Familie Sarajewo schon 1992 verlassen hatte, um nach Kroatien auszuwandern, war sie an plötzliche Reaktionen und Umschwünge gewöhnt und bot Anna schweigend eine Zigarette an, Lena war früher gegangen. Anna hatte die Enden ihrer Nerven erreicht und freute sich nur noch auf ihre Küche. „Speeding motorcycle … won't you change me … in a world of funny changes … speeding motorcycle … of my heart", aber Azra hatte schon auf *Transglobal Underground* umgeschaltet und war der Versenkung in die Bereiche innerer Unschärfe mit schnellem Beat zuvorgekommen. Sie tanzte, während Anna ihr zusah, bis ihre Vermieterin ihnen drohte, den Strom abzuschalten.

Daß sich etwas ändern mußte, und nicht nur bezüglich der Lautstärke, hatte Anna im Gefühl, als sie am nächsten Morgen aus dem Fenster blickte. An einem solchen Tag konnte allerdings als Voraussetzung für eine Veränderung nur der Regen aufhören. Azra war nach Minneapolis geflogen. Anna wartete schon den ganzen Tag, ohne zu wissen worauf, und sie stürzte mit Erleichterung zum Telefon, als Marc anrief. Er hatte Lust auszugehen. „If you don't like the weather in Chicago, wait ten minutes and you'll see …", hatte er auf ihren zaghaften Einwand erzählt, als eine Art Bauernregel, obwohl Anna in dieser Hinsicht zu Chicago keinen Bezug finden konnte, das für sie nur mit Schlachthöfen und working class people zu tun hatte. Selbst die Dreifelderwirtschaft war aus Gründen der Übersichtlichkeit längst auf zwei reduziert: im Stadion, wo sich die *Chicago Bulls, Bears* oder *Cubs* und ihre Basketball-, Football- oder Baseball-Gegner die Erde gegenseitig heiß machten, versuchte sie zu argumentieren. Marc überredete Anna zu einer Wette: den Regen auszuwarten, notfalls bis zum frühen Morgen, und sie verabredeten sich für den RAINBO CLUB, bei strömendem Regen.

Als sie den Club verließen, regnete es trotz Marcs Prognosen immer noch hartnäckig. Auf diese Weise verbrachte Anna ihre erste Nacht auf einer fremden Veranda in der Damen Street, bei den immer monotoner werdenden Trommelgesängen von Regen und Wind, die sie und Marc zu Verschwörern zu machen suchten, ohne daß sie sich darum kümmerten. Es versprach, eine traumlose Nacht zu werden, das behagte Anna, deren romantische Ader verschlossen war, ohne daß sie einen Grund dafür gewußt hätte. Der Stammpenner vom RAINBO kam vorbei und rezitierte wieder einmal seinen „Erlkönig", den er immer, wenn er Anna sah, aus seinem High school-Gedächtnis hervorkramte, in das der Alkohol sich noch nicht vorgearbeitet hatte. Diesmal paßte es auch, und so zog er brummelnd mit ihren zusammengesuchten Quartern von dannen.

„Was bedeutet für dich werben?“ fragte Anna Marc übergangslos. Sie wußte, daß Marc der geeignete Partner für solche Gedankenspiele war. „Ein Produkt anpreisen, das nützlich, aber nicht notwendig ist.“ „Warum nicht notwendig?“ „Weil in unserer Welt schon jedes Produkt ein Ersatzprodukt hat.“ „Was ist mit Salz?“ fragte sie weiter. „Hast du schon mal eine Salzwerbung im Kino gesehen?“ antwortete er, und sie mußte zugeben, daß sie das Salz-Etikett „When it Rains it Pours“ der Firma Morton sehr liebte, aber sich einen Trailer dazu nicht vorstellen konnte. Vielleicht auf der Speisekarte eines Restaurants, die man in Form der Salzbüchse zuschneiden könnte, oder auf einem Dach der Salzfabrik würde das gelbe Mädchen unter ihrem lila Regenschirm entlangspazieren, aber da würde Morton eben auch nur für seine Marke werben, die chemische Formel des Inhalts bliebe unverändert. Indem man auf Salz als Kostbarkeit beharrte, nicht auf Juwelen, um die Liebe abzumessen, ließ sich eben nur ein Vater verlieren, im Märchen. „Warum fragst du?“ hatte Marc sich nicht verkneifen können, wie ihr auffiel. Aber ihre Gedanken waren schon zu keiner Antwort mehr zu bewegen, und er forschte nicht nach.

Werben und Drängeln, Till würde diese Bemühungen gewiß voneinander abgrenzen. Dabei hatte Anna nichts dagegen, gewollt zu werden hin und wieder, und je nachdrücklicher um so besser. Der Umweg über den Vater, bei dem es einst um die Hand anzuhalten galt, hatte für sie viel eher mit Vertrag, Besitz und Planung zu tun. Anna wollte nicht verhandelt werden, sie wollte handeln und hatte selber Hände, die sie dem ein oder anderen reichte. Für Till besaß sie wohl ein paar Hände zuviel, obwohl seine auch nicht nur müßig in Buchseiten blätterten. Till war Taxifahrer, wie Achim, und er hätte sich gewiß von Noodles ebenfalls nicht auszahlen lassen, nachdem der von Deborah im Wagen heftig und gewaltsam Besitz ergriffen hatte. Once upon a Time in America ... Der Chauffeur im Film verstand, was er im Rückspiegel sah. Aber wer sieht schon die ganze Geschichte? Schließlich war Deborah die reine Provokation, derer man sich erwehren mußte, auf die ein oder andere Art. Das war nicht übertrieben. Till hatte viele Freundinnen. Und Anna war eine zukünftige ehemalige davon. Das wußte sie, ohne sich an diese Vorhersage zu halten.

Marc wußte nichts von Till. Und Anna waren Vertrautheiten suspekt, die durch allzu offenherzige Geständnisse zustande kamen. Sie saßen immer noch müde und frierend nach der durchgemachten Nacht im FLYING SAUCER und warteten auf ihr Frühstück. Der Regen hatte unterdessen aufgehört und den Himmel in weißer Leere hinterlassen, die Anna besser hinter den Scheiben, von innen ertrug. So genau wußte sie nicht, ob das schon alles war und worauf der Tag hinauswollte, sie hatte ihn noch nicht begonnen und steckte noch im Vortag fest, der einfach nicht absickern wollte. Marc saß neben ihr und starrte vor sich hin, ohne etwas zu sagen. Und Anna konnte sich wieder dem Schlepptau der eigenen Gedanken zwischen Chicago, Berlin und auch New York überlassen, passend zum Frühstück: *New York style bagel with sundried tomato cream cheese.* Sie gingen bald darauf hinaus und merkten, daß sich ihre Himmelsrichtungen, um nach Hause zu gelangen, schon an der nächsten Straßenkreuzung unterschieden. Und von einem Heimweg ließ Anna auch keine Aufforderung mehr abbringen, zumindest an jenem Morgen nicht, und so trennten sie sich. Nichts hatte sich geändert, gar nichts, außer dem Regen, der aus allen Wolken gefallen war. „Speeding motorcycle ... of my heart ... won't you change me ... speeding motorcycle", aber da drohte ihr Till schon wieder mit heruntergelassenem Visier, und sie verstummte.

Am nächsten Morgen, als sie wieder ins FLYING SAUCER zum Frühstücken gehen wollte, hatte es geschlossen, ohne ersichtlichen Grund. Das war noch nie vorgekommen, und so stand sie eine Weile unschlüssig davor, bevor sie wieder nach Hause ging. Sascha, dessen Mitbewohner im FLYING SAUCER arbeitete, konnte ihr später den Grund für die Schließung erzählen. Ein Gefecht zwischen Gangs hatte wieder mal zu einem Schußwechsel geführt, und dabei war eine Kugel so abgelenkt worden, daß sie außer dem Auto und der Scheibe auch noch das Knie der Kellnerin getroffen hatte. Wegen Ermittlungen der Polizei und einer Ablösung des Personals, die so schnell nicht aufzutreiben war, mußte es für kurze Zeit geschlossen bleiben.

Sascha erzählte es wie eine kuriose Begebenheit, eine Art Unfall, mindestens drei Zigaretten gingen dabei drauf. Anna wußte nicht, ob er anders erzählt hätte, wäre er dabeigewesen. Ihre Betroffenheit wuchs mit der Phantasie. Sie reagierte schon immer empfindlich auf Blut und kippte regelmäßig ab, wenn sich ihrem Arm nur eine Nadel näherte, obwohl der Umgang mit Blut in weiten Teilen ihrer Familie fachmännisch praktiziert wurde und ihr daher hätte geläufig sein müssen. Wenn es nun mein Knie gewesen wäre. Wenn ich mich gerade gebückt hätte, um mein Feuerzeug aufzuheben. Wenn Marc und ich uns etwas zu sagen gehabt hätten, dachte sie und konnte nicht aufhören, und daß es wohl tatsächlich ein Versehen war, daß es die Kellnerin getroffen hatte und nicht sie. Sie wußte den Traum noch auswendig, Burger mit Ketchup standen auch auf der Speisekarte des FLYING SAUCER. Ihr Vater wäre bestimmt sofort gekommen, oder er hätte sie ausfliegen lassen. Er hätte sie operieren können und auch unbemerkt ihre Hand vergeben können, an einen Pfleger vielleicht, während sie noch unter Narkose stünde und mit den Schnitten seines Messers kämpfte wie mit groben Eindringlingen in ihre Privatsphäre. Annas Vater hätte es gern gesehen, wenn sie mal einen praktisch veranlagten, unkomplizierten Mann mit nach Hause gebracht hätte. Sie versuchte es, immerhin. Doch

Anhimmeln wurde ihr bald langweilig, und sie wechselte in ein anderes Planetenumlaufsystem. Manchmal entwickelte es sich anders, da war die Gravitation stärker. Bei Till beispielsweise.

Sie hörte die Wohnungstür zufallen, Sascha war gegangen, wahrscheinlich dachte Anna noch nicht einmal mehr deutsch, so wenig hatte er sie verstanden. Anna leerte den Aschenbecher und hob das Feuerzeug auf, das auf dem Boden lag. Sascha war ein alter Freund Tills. Sie waren sich vor vielen Jahren in Chicago auf der North Avenue begegnet, als Till gerade erst in den Staaten angekommen war und noch nicht wußte, wohin ihn sein dreiwöchiger Urlaub verschlagen würde. Sascha war Tills schluderiger Gang und die störrische Haltung aufgefallen, die ihn so stark an seine Heimat erinnerten, und so quatschte er Till an und lud ihn schon nach einem Kennenlernbier im RAINBO CLUB ein, bei sich zu übernachten.

Sascha kannte etliche solcher Geschichten, und auch zu Wladiwostok wäre ihm sicher etwas eingefallen, das mit seiner Vergangenheit zu tun hatte. Da er und Lena sich jedoch nie trafen, gab es keinen Anlaß für eine Erinnerung. Sascha war in Moskau geboren, als Sohn ostdeutscher Funktionäre, die jedoch vor seiner Russifizierung nach Berlin zurückkehrten. Er konnte nie verstehen, weshalb Anna so traurig war, wenn es um Till ging. Till, der nicht gekommen wäre, auf ihren Wunsch. Sie hätten sich nicht auf der North

Avenue, Ecke Damen Street auffallen können, ihre erste Begegnung lag lange zurück. Ihren Blicken standen weder die Verkehrsfluten der Rushhour auf dem Alexanderplatz noch strömender Regen entgegen, sie leerten den Himmel gleich auf ex. Vielleicht hätten wir etwas übriglassen können als Proviant für die Jahre danach, dachte Anna. Egal, ein blutiges Knie ist noch kein Weltuntergang. Ist auch kein Schuß in den Rücken, tröstete sie sich. Wenn etwas ins Auge geht, dann weil man nicht vorsichtig genug ist. Das war Tills Ansicht. Stellte sie sich vor. Beim Duell allerdings hatte sie gezittert – in einem anderen Traum, in dem Moment, da sie sich umdrehte und merkte, daß sie im Kreis gegangen war.

Till war in Chicago an jenem Montag, als es zum Schußwechsel kam. Das hatte ihr Sascha erzählt, bei dem er sich kurz danach gemeldet hatte. Seither konnte Anna den Verdacht nicht loswerden, einen Verdacht, der sie im Rücken traf, wenn sie gerade versuchte, sich abzuwenden und alles hinter sich zu lassen. Auch wenn ihre Träume nicht mehr auspacken wollten, was sie an Wirklichkeit enthielten. Dabei konnte sie sich nicht einmal erinnern, ob sie Till je vom FLYING SAUCER erzählt hatte und daß sie bis vor kurzem noch regelmäßig dort frühstücken ging.

Das letzte Mal war sie mit Lena dort gewesen, bevor Lena nach Moskau zurückgegangen war. Lena mit ihren Halbträumen. In einem ihrer Briefe schrieb sie, daß sie sich in

Chicago zu Hause fühle. Und Anna mußte an den kleinen Fisch denken, den sie im Michigansee ausgesetzt hatte und ob er mittlerweile wohl den Eriesee erreicht hat. Noch 500 Meilen bis Buffalo. Mindestens. Wie aber weiter.

Ende neu. Berlin

In Berlin hatte Malah Nachbarn für genau die Hälfte des Jahres: im Winter, der meistens schon im Herbst begann und sich bis in den Frühling hineinzog, so lange war die Kastanie vor ihrem Fenster durchsichtig. Die wohnten gegenüber und warfen ihr schräge Blicke zu, wenn sie mal wieder vergaß, den Vorhang vorzuziehen, während Johanna da war. Aber gerade dann dachte sie am wenigsten an die Nachbarn, sondern tanzte zusammen mit Johanna, die bewegliche Muskeln hatte, deren Schwingungen noch in den Dielen echoten. So kreuzten sich die Blicke nicht einmal im Winter. In Berlin war der Winter grau. Allen, die das abstreiten konnten, war es gelungen, mit einem LSD-Trip oder anderen halluzinogenen Drogen die Stadt zu verlassen. Ihr kam der Himmel wie ein Deckel vor, den sie gern abheben würde, um einen Blick dahinter zu werfen.

Sie besaß ein Klavier, und manchmal hatte Peter darauf flüchtig ein paar Töne gespielt, wenn er sich zwischen schwarz und weiß mal wieder zurechtfinden mußte und sie ihm strahlend Mischungen unterjubelte wieder und wieder. Sie mischte alles, Saft und Alkohol und Träume und Wirklichkeit; manchmal hatte sie ihre Gedanken in die Luft gemalt, wenn er redete, und dann war sie vom bösen Geist besessen. Hatte er ihr erzählt. Und daß sie sich einmal hätte sehen sollen dabei. Sie stellte daraufhin eine Schranktür rückseitig in ihrem Zimmer auf, die einen Spiegel zutage brachte, und so kam sie in den Besitz ihres Bildes. An dem Bild ihrer Gedanken wäre sie interessierter gewesen. Ihr Antrittsversprechen bestand darin, ihm den Winter aufzumischen, denn sie merkte, daß es ihr ernst mit ihm war. Ihr Ehrgeiz nahm auch keinen Schaden, als er prophezeite: „Das schaffst du nicht. Wie willst du das schaffen. Ich mag keine Mischungen."

Kalte Hände und abgestorbene Finger trug Malah davon, manchmal lief die Nase schneller als die Augen, die auch nicht träge waren. Vor ihrem Spiegel sah alles ganz normal aus. Blau war ihre Lieblingsfarbe, und tief sprang sie in die Träume der Nacht, die ihr schon wie hinter dem Deckel vorkamen. Manchmal nahm Peter sie dabei mit der Videokamera auf, doch es war nichts zu sehen. Aber nicht einmal das hatte er zugegeben. Er war wohl enttäuscht, keine zertanzten Schuhe am Morgen vor dem Bett zu finden. Kein Alibi einfordern zu können. Nur ein „Yes" zu vernehmen, das ihm allzu laut vorkam und unverständlich blieb.

Peter war Blumenverkäufer, ein Wochenendjob, wie er an ihrem ersten Abend erklärte. Sie hatte ihn in dem Blumengeschäft auf der Greifswalder Straße getroffen, als sie Kartäusernelken kaufen wollte. „Die halten sich zwei Wochen, wenn Sie sie immer neu anschneiden und die unteren Blätter entfernen. Da blühen selbst die Knospen noch auf, deren Farbe aber blasser ist …“, hatte er gesagt und dann eine Weile nicht mehr aufgehört zu reden. Normalerweise erzähle er den Kunden nichts, zumal er kein Gärtner sei, aber ihre Gesichtsfarbe habe ihn inspiriert, und so hatte sie dagestanden mit aufflammenden Wangen und war sich wie ein Kind vorgekommen, das der Blumen wegen vom Weg abkam, wie im Märchen. Aber sie hatte nichts vorgehabt an jenem Samstag, und so blieb sie stehen und hörte zu. Für Märchen war er zu alt, die kannte er nicht und hätte sie auch nicht gelten lassen. Später begriff sie warum. Den rechten Weg jedoch kannte er, der führte in die Richtung, in die es sie auch zog, und daß er ihn allein gehen wollte, hatte sie noch später verstanden. Er schickt mich in die Blumen, und wenn ich sie gepflückt haben werde, wird er sie verkaufen oder gar verschenken, so wie er mir die Kartäusernelken geschenkt hat, dachte sie, später, als er längst verschwunden war. In der Greifswalder Straße hatte sie nicht nachgefragt, ob man von seinem Verbleib wisse.

Malah ging in den Mauerpark, um sich auf einer der Schaukeln Luft zu machen, die nach Wind klang und Meer, wenn sie die Augen schloß. Sie waren hier oft spazierengegangen, immer wenn sie Peter abgeholt hatte. Dann mußte sie die Blumen ablegen, die er für sie zusammengestellt hatte, bevor sie sich auf die Schaukel schwang. Wenn sie nun die Ketten losließ, um abzuspringen, hielten ihre Arme sie in der Beuge auf, so daß sie blaue Flecken davontrug. Ich habe ihm seine Schatten geraubt, dachte sie sich. Ob ihm das gefällt. Über die Farbe ließ sich nicht streiten, die Flecken waren blaugrün und wurden im Verblassen gelb, eindeutig. Die Füße aber reichten bis hinter die Kirche, wenngleich sich mit jedem neuen Schwung der Schaukel weder die Glocken zum Läuten bewegen ließen noch die Sonne hinter dem Horizont verschwand. Dafür wurde auch die Sonne immer blasser, im Laufe von zwei mal sieben Tagen, als ob sie verblühte, bildete Malah sich ein.

Malah zündete sich eine Zigarette an, die letzte aus Johannas Packung, die bei ihrem Besuch liegengeblieben war. Das machte Malah immer, wenn sie die Blattläuse aus den Gedanken vertreiben wollte. Die verhielten sich mittlerweile schon resistent, aber irgendwann waren die Zigaretten dann alle. Sie kaufte Zigaretten grundsätzlich nur bei ihrer Vietnamesin Vinh, die auch Gemüse hatte, aber da fiel ihr die Auswahl schwerer. „Da bist du ja. Ich dachte schon, du wärest umgezogen“, hatte Vinh ihr gesagt, als sie nach einer längeren Zeit wieder im Laden auftauchte. Vinh hatte als einzige gemerkt, daß sie weggewesen war, auch ohne daß sie Abschied genommen hatte.

Tagsüber saß sie vor ihrem Computer und schrieb. Sie schrieb schon sehr lange an einer Studie zu Bevölkerungswachstum und -reglementierung in China. Je länger sie daran saß, um so mehr argwöhnte sie, daß China wohl doch eine Nummer zu groß war für ihre Gedanken. An den Nachmittagen ging sie zu Hilde, der sie den Einkauf besorgte, und sah nach dem Rechten, auch wenn sie nicht genau wußte, woran sie das erkennen sollte. Genau genommen war es wohl anders herum. Aber das konnte sich Malah nicht eingestehen. Hilde hatte zwei Katzen, die wie Hilde schon älter waren und sich mit dem Revier einer Zwei-Zimmer-Altbauwohnung zufriedengaben. In Katzenjahre umgerechnet war Malah sehr jung, darin hatte Peter ihre Anhänglichkeit begründet gesehen, die für ihn nichts mit Treue zu tun hatte. Auch Johanna konnte ihr ein Lied davon singen, sie hatte sich gerade von ihrem langjährigen Freund getrennt, der der Mann ihres Lebens war, aber sie verfügte über mehr als eines und beunruhigte sich nicht weiter. Meistens klang Johannas Lied nach einem Trinklied, von dem sich Malah etwas gemerkt hatte: „And if whiskey don't kill me / then I don't know what will." Obwohl sie selten Whiskey trank, auch wenn er die schönsten Namen hatte. Johanna trank ihn oft, so oft, daß es bald gar keinen Anlaß mehr gab, ihn nicht zu trinken. Johanna und ihr Whiskey. Hilde und ihre Katzen. Peter und seine Treue. Lauter einzelne Paare, aus denen sich kein Quartett legen ließ. Wenn Malah böse war, hatte sie ihn ‚Schwarzen Peter' genannt, aber er hatte nur gelacht und gemeint, daß sie wohl noch nie in ihrem Leben mit Kohlen geheizt hätte.

Berlin war nicht der schlechteste Ort, um auszugehen, doch blieb Malah öfter zu Hause, um Wein zu trinken, je nachdem. Auch gab es so viele Straßen und Plätze, von denen sie nur erfuhr, wenn sie sich zufällig auf dem Stadtplan verblättert hatte. Obwohl sie nach der Seumestraße schon suchen mußte. Da wohnte Johanna in einer Art Atelier, das vollgestellt war mit unzähligen Figuren aus Wachs, Gips oder Ton, die sie anfertigte und nach Ablauf der Ausstellungen bei sich beherbergte. Malah hatte Johanna in New York kennengelernt. Da waren sie die beiden einzigen gewesen, die die South Ferry zwischen Manhattan und Staten Island benutzten, ohne sich entschließen zu können, auszusteigen. Als die Freiheitsstatue ein drittes Mal deutlich zu klein wurde, um zu entscheiden, ob sie Fackel oder Schwert trug, hatte Malah Johanna angesprochen. Von da an hörten sie auf, die Überfahrten zu zählen und gingen erst von Bord, als es bereits dunkel geworden war. Malah nahm Johanna mit in Carls Wohnung, der arbeiten mußte, und sie verbrachten einen ausgelassenen Abend, den erst Carls Rückkehr am frühen Morgen beendete. Daß sowohl Malah als auch Johanna nach Berlin zurückkehren würden, war ihnen wie ein zusätzliches Geschenk des Himmels vorgekommen, der nun auch in der Zukunft kein Ende mehr nehmen würde. Johanna, mit der wäre sie sicherlich bis nach Syrakus gekommen, sie hatten bereits über die möglichen Wege dahin gesprochen.

Es muß auch Grenzen geben, aber es war Peter, der Malah das erklärt hatte. Im Mauerpark dachte sie nie daran. „Dogs and cats, don't let them follow you back home … who needs dogs and cats." Sie hatte Johanna von dem Lied erzählt, abends, als die Sterne über dem Boxhagener Platz sich schon fast in ihren Gläsern widerspiegelten, aber Johanna, die darin eine Anspielung auf ihren Wellensittich sah, mochte keine Vergleiche. „Er ist mir nicht gefolgt. Ich habe ihn gefunden", meinte sie, und Malah dachte, daß sie das von ihrem Weg auch gern sagen würde. Wenn er nach Syrakus führt. „Und außerdem ist es ein Wellensittich", sagte Johanna, „er heißt Moses." Hänfling, das war der Name von Malahs Wellensittichs gewesen, von dem sie nicht mehr wußte, ob sie ihn wirklich als Kind gehabt oder sich ihn nur aus Trotz gewünscht hatte, weil sie keine Katze bekommen durfte. Später sammelte sie Kakteen. Die sahen nicht so aus, als ob man sich intensiv um sie kümmern müßte, zumindest im Winter. Ein Herbarium führte sie so lange, bis sie merkte, daß Latein keine magische Sprache war.

Mit Schnittblumen hatte Malah wenig Glück. Ein Zweig Jelängerjelieber hielt nicht einmal eine Woche im Wasser, bevor er verblühte. Sie hatte verpaßt, ihn rechtzeitig zu verschenken geschweige denn Nachschub zu besorgen. Als Johanna aus New York abflog, überließ sie Malah einen Schmetterling: „Den guckst du dir an, und schon mußt du deine Flügel nicht mehr streichen", hatte sie gesagt. Außerdem hatte er seine Verwandlung schon hinter sich. Eine Verwandlung, die nicht mehr rückgängig zu machen war. Hinter die Grenze. Da, wo auch die Blattläuse abfallen würden von den Gedanken, dachte Malah, und steckte den Schmetterling zurück in die Vase, damit er überlebte. Sie rauchte eine Zigarette, die letzte der roten Packung. Rot war Johannas Farbe. Das sah man bis hin zu den Schuhspitzen. Manchmal sah sie wie ein Ampelmännchen aus, und Malah hätte sie dann gern in die Arme genommen. Genug, Malah versuchte sich wieder auf ihren Computer zu konzentrieren, es war noch zu früh, um Hilde zu besuchen. Sie wollte wenigstens ein Kapitel überarbeiten und leerte den Aschenbecher zur Bekräftigung. Der Computer ventilierte mit schwarzem Bildschirm vor sich hin. Wahrscheinlich hatte er eine Sicherheitskopie von ihrem letzten aktiven Dokument erstellt, bevor er dichtmachte. Sie wußte nicht mehr, was sie geschrieben hatte und ob es schon Hand und Fuß besaß. Der Computer war Therapie. Er sorgte für Leserlichkeit, wenn die Handschrift sich nur noch als Spiegel der Seele deuten ließ.

Peter hatte alle Briefe kopiert, die er an sie schrieb. Mit ihm konnte zwar kein Brief verlorengehen, aber sie fühlte sich betrogen. Schließlich hatte er immer nur den einen Teil des Briefes an sie geschickt, der doppelt war und nicht mehr vollständig, wenn er bei ihr ankam. Wahrscheinlich hatte der Brief auch seine Seele erschrocken zurückgezogen, wenn ihn das Kopiererlicht wie ein Blitz traf. Er wird sie nie aus der Hand geben, und was zählen sie dann. Er wird immer den heiteren Himmel für sich behalten. In der Dokumentation eines Lebens, wenn es auch seines war, wurde sie auf den Zuschauerrang verwiesen.

Malah suchte nach einem neutralen Gebiet. Syrakus? Sie suchte nie auf dem Stadtplan. Neutrales Gebiet bedeutete unberührtes Gebiet. Wo der Pfeffer wuchs oder Gras. Doch wo sollte das sein? Katzen finden immer den Weg zurück. Jetzt war sie schon in der Friesenstraße, nur um nicht zu früh bei Hilde aufzutauchen. Und immer noch folgte sie ihm, dem Schwarzen Peter, obwohl er längst am Nordpol sein mußte, ihrem inneren Kompaß nach. Unscharf stellte er sich ein, so daß sie nicht wußte, ob als Gruß oder Warnung. LEBENSMITTEL entzifferte sie auf dem Schild über einem kleinen Laden. Sie traute dem Wort und betrat das Geschäft in der Hoffnung, dort zu finden, was sie brauchte. Was sie entdeckte, waren Eßwaren. Frisches Brot und Gemüse, Eier von gestern und Konserven für morgen. Auch morgen würde sie noch keinen Hunger auf Ravioli in Tomatensauce haben, den sie als Lebensantrieb akzeptiert hätte. Und war der Zweck wirklich so einfach um die Mittel zu betrügen, daß er sich mit ein wenig Brot abspeisen ließ? Sie war froh, daß sie wußte, was sie wollte, als sie wieder bei ihrer Vietnamesin in der Winsstraße stand. „Die roten, bitte", sagte sie, obwohl sie bereits vor ihr auf dem Verkaufstisch lagen. Morgen kaufe ich Pfefferminze, beschloß sie noch beim Rausgehen und sagte: „Bis morgen." Das hatte sie früher nie gesagt, bevor sie weggegangen war.

Kräuter gab es im Blumenladen nicht, nicht einmal Hagebuttenzweige im Herbst. Das stellte sie triumphierend auf ihrem Spaziergang fest. Hilde kannte alle Kräuter und deren Anwendung, und Malah profitierte davon. Malah war eine Generation nach dem Krieg aufgewachsen und hatte keinen Mangel gelitten. Sie hatte immer genug bekommen. Genug Liebe, genug Essen. Nicht genug Katzen vielleicht, aber Hilde bestätigte sie in der Ansicht, daß die etwas fürs Alter waren.

„Nothing's going to happen", klang es leise, doch bestimmt aus den Lautsprechern, als Malah in ihre Wohnung zurückkam. Sie hatte die Musik laufen lassen und der CD-Player hatte selbständig auf die nächste CD gewechselt. Sie nahm es als Zeichen und ging endlich zu Hilde.

Sie hatte Hilde von Peter erzählt, gleich nachdem sie ihn kennengelernt hatte und weil ihr nichts Schöneres eingefallen war. Und jetzt, wenige Wochen später, daß er verschwunden war. Malah hatte es gemerkt, auch als sich auf dem Klavier der Staub absetzte, das sie seinetwegen offenließ.

Auf ihrem täglichen Weg nach draußen hatte sie manchmal noch bei ihm geklingelt, aber da hörte keiner. Obwohl es die Adresse auf den Briefrücken war. Vielleicht ist die auch doppelt, dachte sie. Vielleicht hat er aber eine Kopie von sich dagelassen, für den Fall, daß einmal das Original verlorengehen sollte, und sie klingelte vorsichtshalber noch bei Müller. Aber auch da machte niemand auf.

Kalte Hände. Eine Zeit, die im Kaltwerden von Wärmflaschen vergeht. Wie viele Wärmflaschen passen in einen Tag? Wie viele Tage passen in einen Winter? Und wie lange hält die Kastanie noch dicht vor dem Himmel, der seine Sternschnuppen nur spuckt, wenn niemand hinsieht? „Es wird schon seine Richtigkeit haben, wart nur ab, der kommt zurück", meinte Hilde und schaukelte in ihrem Schaukelstuhl, aber es klang, als ob sie über Heinrich sprach, mit dem sie sich im Frühjahr 1938 verlobt hatte und der auch nur in den Krieg gezogen war, um seine Schuldigkeit zu tun. Er war nicht zurückgekommen. Seinetwegen war sie nie umgezogen, seit über 60 Jahren nun schon, damit er wüßte, wo er sie finden würde. Hilde hatte ihre Aussteuerwäsche noch doppelt, und sie kaufte auch später weiter paarweise ein. Dabei schob Malah ihr immer beide Kopfkissen in den Rücken, damit sie bequemer saß, eins wäre zu wenig gewesen.

Malah überlegte, wie lange sie einander schon kannten und ob Hilde früher anders gelebt hatte. Eigentlich hatte ihr der Krieg Hilde geschenkt, als Malahs Mutter als kleines Mädchen einmal unerwartet ihre Tante in Berlin besuchen wollte, die im gleichen Haus in der Lychener Straße wohnte. Hilde hatte an ihrer Stelle aufgemacht, sie war wohl von dem verzweifelten Klingeln überrascht, und sie hatte Malahs Mutter bei sich übernachten lassen, da die Tante an jenem Abend nicht kam, ebensowenig wie am darauffolgenden. Später erfuhr Malahs Mutter, daß ihre Tante sich umgebracht hatte. Sie war am Ostkreuz im Dunkeln auf die Gleise gesprungen, kurz bevor die S-Bahn nach Ahrensfelde einfuhr. Hilde gehörte von da an mit zur Familie. Seit Malah in Berlin wohnte, besuchte sie Hilde regelmäßig. Malah war noch nie mit der Bahn nach Ahrensfelde gefahren, obwohl auch dort das Grün den Krieg überwuchert hatte, der ihrer Großtante so schlecht bekommen war. Grün wie meine Kastanie, grün wie die dunklere Hälfte der blauen Flecken, um die ich Peter gebracht habe, aber seine Grenze hört beim Körper auf, da wo der Schatten erst anfängt, dachte sie, während sie die Suppe für Hilde umrührte und Liebstöckel schnitt.

Sie hatte mit Johanna auf einer Ausstellung die Arbeit von einem norwegischen Künstler gesehen. Der Künstler war tageweise abwechselnd in die Sonne und in den Schatten gelaufen, um zu sehen, was ihn weiter brachte: Sun vs. Shadow. Oft kam er nicht weit, da war vor einer Hauswand Schluß, oder ein Regentag ließ ihn keinen Meter das Haus verlassen. Er hatte seine Wege dokumentiert, und nach einer langen Periode hatte er herausgefunden, daß ihn die Sonne weiter bringt: genau 750 Meter weiter als der Schatten auf der längsten seiner Wanderungen. Wie weit würde sie kommen, wenn es ihr gelänge, ihre Katzenhaut einmal von sich abzuschütteln. Auf der fühlte sie immer noch seine Hände, manchmal, wenn sie sich einrollte in ihrem Bett. Im Leben nicht, aber im Traum kam er noch zu ihr. Meist erkannte sie ihn da nicht wieder.

Einmal träumte sie, daß sie die Besitzerin einer Losbude sei und alle Lose, die sie verkaufte, waren Preise. Bald gingen ihr die Geschenke aus, und sie mußte den Käufern sagen, daß sie statt der Preise einen Wunsch freihätten. Malah griff in ihre Rocktaschen, bereit, daraus hervorzuzaubern, was immer genannt würde. Die Leute waren unzufrieden und schimpften, eine junge Frau forderte einen Kampfhund, den sie auf das Kommando ‚Malahs Los' konditionieren wolle, ein Intellektueller schrie nach einer Bombe und ein älterer Typ Marke Jesus wünschte ihr Unglück. Malah begann die Leute für ihre Einfallslosigkeit zu hassen. „Daß Sie gewonnen haben, das ist Ihr Preis", sagte sie laut zum nächsten Käufer, der gerade ansetzen wollte zu einer Beschimpfung, „gratuliere", aber der hatte sie mißverstanden und nahm schon hinter der Kasse Platz. „Lose, günstige Lose zu verkaufen", und die Leute begannen, sich um ihn zu scharen.

In diesem Traum war Peter nicht erschienen. Mit einem seiner Briefe in der Hand wachte sie auf, an dessen Inhalt konnte sie sich nicht mehr erinnern. Ein Los gratis hätte sie ihm geschenkt. Aber er hätte es nicht geöffnet – bei Aussicht auf Erfüllung. Er träume nie, hatte er immer behauptet, wenn sie ihn am Morgen danach fragte. Irgendwann glaubte sie ihm. Sie hatte ihn auch dabei erwischt, daß er eine Wimper, die beim Reiben der Augen auf die Fingerkuppen geriet, achtlos wegschnippte. Er blieb gefeit vor der Zufälligkeit des Glücks und sorglos.

„Wo steckst du", rief Hilde da aus der Stube. In Gedanken, dachte sie, konnte es aber nicht aussprechen und sagte nur leise: „Hier." „Schau mal, die hat mein Heinrich auf dem Rummel gewonnen und mir geschenkt", sagte Hilde, die in die Küche gekommen war, und hielt eine Stoffrose hoch, „na, eigentlich hat er sie gefunden, aber er hat sie wohl liegen sehen und sich gebückt." „Heute wächst da nicht einmal Löwenzahn, zwischen dem Pflaster", sagte Malah und dachte: Wozu auch, der wäre auch nicht haltbar im Wasser und würde es nur trüben, so daß man nichts mehr erkennen könnte. „Pissenlit", wahrscheinlich hatten die Franzosen auch Alpträume und studierten die Gründe dafür. Von Peter kannte sie den Gedanken, daß das Gras aus der Mitte wachse, nicht aus der Wurzel, obwohl es nicht seiner war, und so zuckte sie immer zusammen bei dem Schild „Vorsicht Wurzeln", das sie jedes Mal beim Verlassen ihrer Haustür auf dem Gehsteig begrüßte. Dabei hatte sie sich vorgenommen, die Vergangenheit nicht mehr aus Straßenschildern abzulesen und die „Gehwegschäden“ mit Betonung auf der zweiten Silbe nicht chronisch werden zu lassen. Pfeile und Ampeln waren in Ordnung, die hatten den Signalwert der Farben, damit konnte sie etwas anfangen: rot wie die Zigarettenpackung in Johannas Jacke; blaugrün wie die Flecken auf dem Arm als Ab- oder Alpdruck; schwarz wie der Peter, selbst ohne Schatten; weiß wie das Schachbrett von Yoko Ono, von der ihr Johanna erzählt hatte. Mit der hätte sie spielen mögen vielleicht, da wäre ein Gegeneinander schwer durchzuhalten, wenn man einmal ins ‚Yes‘ vorgedrungen ist. Ob man im Krieg gegeneinander schlafen kann?

Hilde löffelte ihre Suppe. Sie hatte keine Kinder, sie wollten damals warten, bis Heinrich zurückkam aus Frankreich. Was kam, waren Briefe, einmal mit der Abbildung einer romanischen Kirche, und Hilde hatte sich um ein Brautkleid gekümmert. Und immer frische Blumen hingestellt, Wicken und Phlox und Goldrute. Auch heute noch war Malah diejenige, die die alten, schon fauligen Sträuße entsorgte, die Hilde von ihren Spaziergängen mitbrachte. Meist waren es grüne Zweige von Büschen oder Bäumen vom Helmholtzplatz, weiter ging Hilde nicht mehr. „Der Heinrich, der würde sich freuen … Wenn er nur nicht so vergeßlich wäre … Sogar den Abschied hat er nicht genommen“, murmelte sie vorm Einschlafen im Sessel, „der liegt immer noch auf dem Nachtschränkchen bereit, bis er kommt … bis er kommt und mir von seinem Tod abgibt … Den gebe ich nicht her, er muß schon selber kommen, das steht fest … Der Heinrich, hat immer wieder was vergessen, diesmal den Abschied …", und über der monotonen Wiederholung des Namens schlief Hilde ein. Malah wollte sie nicht wecken und legte sich aufs Sofa, da wo ihre Mutter schon als kleines Mädchen geschlafen hatte, stellte sie sich vor und versuchte, sich genauso hinzulegen, konnte aber nicht einschlafen, so kalt war ihr. Sie räumte die Reste der Suppe in den Kühlschrank und entschloß sich, nach Hause zu gehen, wo sie sich eine Wärmflasche machen könnte, die schon ihre Mutter zum Allheilmittel erklärt hatte. In ganz anderen Fällen.

Peter blieb verschwunden, trotz Hildes unverbesserlicher Zuversicht, von der Malah sich vorübergehend hatte anstecken lassen. Weiter war nichts passiert. Ein Abschnitt ihrer Chronik der Gefühle war durcheinandergeraten. Das ließ sich voraussehen und auch, wie es weiterging. Johanna hatte sich gar nicht erst geäußert. Wahrscheinlich war Peter keine Aufgabe mehr eingefallen, die Malah nicht hätte absolvieren können, zu oft war sie zurückgekehrt zu ihm, sie hatte selbst auf dem unwirtlichsten Gelände ihre Träume wachsen lassen wie einen Dschungel. Aus Jelängerjelieber beispielsweise. Das hat er nicht in seinem Aufgebot aus Nelken und Rosen, dachte Malah, auch keine Liebe. Die schreibt er aus als offene Stelle in seinem Herzen, ohne daran zu denken, sie wirklich zu besetzen. Ein Irrtum in der Verwaltung, und nun hat er erst einmal zugemacht.

Nichts, das sie ihr Unglück hätte nennen können, war geschehen. Der Typ mit dem Bart aus dem Traum hatte sich als die *Motz* verkaufender Obdachloser bei *Kaisers* entpuppt und sie seither in Ruhe gelassen. Ihr Blut zirkulierte weiterhin regelmäßig in den Adern, manchmal verdünnte sie es ein wenig mit Mojito, es erinnerte sie an Moskitos, die stärker waren als Blattläuse. Daß das Glück eben nicht gehalten hat in der Vase, dachte sie, nicht länger als zwei Wochen. Und daß die Menschen auch schon keine Menschen mehr waren, sondern Süßwasserpolypen, die bei jedem äußerlichen Reiz zusammenzuckten. Selbst wenn es nur der Blick war, mit dem Malah sie berührte, wenn sie nach Aufheiterung forschte. Das fiel ihr jeden Tag auf ihren Spaziergängen wieder auf. Die Menschen waren wohl schon zu lange allein gewesen, nur deshalb hatten sie sprechen gelernt, mit dem Käfig, der Sonne oder dem Wellensittich. Und wahrscheinlich fielen ihnen manchmal Dinge ein, über Kartäusernelken oder Bäume, nur damit sie sie anschließend wieder vergessen konnten.

„Nothing's going to stop it." Was die *Tall Dwarfs* wieder sangen, wenn man nur hinhörte. Er wird im Krieg sein. Weg sein, was weiß ich. Oder er wird zurückkehren, vielleicht zu Hilde, und klingeln. Hilde hat schon einmal aufgemacht in solch einer Situation, dachte Malah. Hilde, die alle Briefe im Nachtschränkchen aufbewahrt. Und ihre Antwort mit Tränen ins Kopfkissen färbt. Wenn es naß ist, nimmt sie das andere. Sie merkt es nicht.

Malah saß reglos vor ihrem Computer. Sie war mit China kein Kapitel weitergekommen, nicht einmal eine Fußnote hatte sie verbessert. Sie hoffte, daß Hilde nicht so bald sterben würde. Sonst wäre sie um zwei Katzen reicher, und Johanna hätte recht behalten. Dann würden sie nie bis Syrakus kommen. Oder wohin auch immer. Hauptsache, es klang entsprechend und das Warten hatte ein Ende.

Als es klingelte, es hatte schon mehrere Wochen nicht mehr so geklingelt, machte sie nicht auf. Im Radio berichtete die Sprecherin von dem Selbstmordattentat eines Palästinensers, und noch bevor sie Zeit gehabt hätte, die israelische Erwiderung zu vermelden, hatte Malah das Radio ausgeschaltet. Peter, dachte sie, mit beinahe kaltblütiger Ruhe, und daß sie beim nächsten Mal nicht stolpern würde, wenn sie aus der Haustür ging, trotz Schadenschild und Wurzelwarnung. Sie rief Johanna an, während es erneut klingelte, und berichtete übersprudelnd, daß sie fertig sei mit ihrer Arbeit und den Computer schon weggepackt habe. Die Wohnungsanzeige zur Untervermietung komme in die nächste Ausgabe der *Zitty* und einen Freund, der sich um Moses kümmert, während sie verreist seien, habe sie auch gefunden.

„Worauf wartest du noch?“ fragte sie, als Johanna am anderen Ende der Leitung stumm blieb. „Auf dich“, sagte Johanna, „wenn du dein Paar Eisenschuhe zu Hause läßt.“ „Versprochen“, antwortete Malah und legte auf, ohne sich ihrer Notlüge zu schämen. Die Arbeit würde sie später beenden, wenn überhaupt. Das konnte sie ein andermal entscheiden. Sie kehrte an ihren Schreibtisch zurück und schloß systematisch alle Fenster ihres Computerprogramms. Als die Maschine verstummte, atmete sie auf. Sie zog ihre Jacke an, rauchte noch eine Zigarette, schon im Stehen, und ging nach draußen. Die Tür schnappte zu, und dieses Mal erwischte sie noch nicht einmal Malahs Schatten.

Impasse des Souhaits. Paris

Eine Gruppierung von drei Stühlen war ihr aufgefallen. Die drei Stühle standen, als ob sich die darauf Sitzenden in angeregtem Gespräch befunden hätten. Zwei waren nebeneinandergerückt, in leicht spitzem Winkel, so daß es die armeslange Entfernung zwischen ihnen ermöglichte, Aussagen mit einer Berührung zu bekräftigen, Erinnerungen, die sich niederließen, ohne verjagt zu werden. Der dritte Stuhl stand ihnen gegenüber, in solchem Abstand, daß sein Benutzer die Füße ausgestreckt haben mochte, während die Hände über dem Bauch gefaltet ihre Ruhe fanden. Kein Rondell, kein Teich, keine Statue störten die Skulptur, erst weiter hinten schnurten die Bäume in mehreren Reihen davon.

Sie konnte sich nicht entscheiden, auf welchem der Stühle sie am liebsten gesessen hätte. Und wie lange sie es ausgehalten hätte, nur den Schatten von sich zu strecken.

In Paris streunte der Himmel abends ins Blaue. Wochenende und Winter war es, als sie nach Paris gekommen war.

Sie wußte noch nicht, wie lange sie in Paris bleiben würde, mindestens aber so lange, bis sie „A bout de souffle“ von Jean-Luc Godard im Original würde verstehen können.

Das Schloß war Zufall und nicht ausgedacht. Sie hatte noch nie ein Schloß im Winterschlaf gesehen. Nicht nur von außen lag es in undurchsichtiger Ruhe in seinem Park versteckt, auch die Möbel im historischen Flügel waren eingeschläfert und von Tüchern bedeckt, als ob das Holz andernfalls durch seine Poren zuviel Wärme ausatmete und sich dabei so verausgabte, daß es aus jedem Winter schmaler hervorkäme. Selbst der Staub ließ sich steifer nieder und hatte in der Kälte seine Wirbeligkeit verloren. Jedes Staubkorn wußte um seinen Platz und strebte angemessen langsam darauf zu. Im Schloß wohnte an den Wochenenden die alte Dame, und Lara betreute sie. Das war wenig Arbeit, die auch noch reichte, ihr *chambre de bonne* zu bezahlen. Manchmal dachte Lara, wie es wäre, wenn sie auch über die alte Dame ein Laken breiten müßte. Und wie man einen Winter ausatmete, den man zum Leben schon nicht mehr dazuzählen mochte. Ein Wochenende lang. Später wurde sie nie wieder in den historischen Flügel des Schlosses geführt, sie hatte den Besucherstatus verlassen und überließ das Gebäude seinem Schlaf, ohne die Decke zu lüpfen.

Sie schloß die Tür des Seitenaufgangs. Grüßte wie immer die Concierge, die sich um diese Uhrzeit noch hinter dem Vorhang versteckt hielt, und eilte nach draußen, vorbei an ihrer Boulangerie Rue des Tournelles, Ecke Rue du Pas de la Mule, über den Place des Vosges, wobei sie dem Pferd unter Louis XIII. aufs Geschlecht sah (obwohl man sich Pferden nie von hinten nähern sollte, tat sie es jeden Morgen), in die Impasse Guéménée, wo die alte Dame mit ihrer Tochter in der Woche wohnte. Der noch geschlossene Waschsalon bestätigte ihr, daß sie nicht zu spät war. Das Pferd hatte auch diesmal nicht ausgeschlagen. Sie bereitete den Tee vor und räumte auf, ohne sich mit den Gedanken bei der Arbeit aufzuhalten. Sie überlegte, welchen Park sie heute besuchen sollte. Und ob alle Schlösser bewohnt seien, in einem anderen Flügel.

Auf dem Place des Vosges standen keine Stühle. Es war ein symmetrisch angelegter Platz, und die Bänke hatten dessen architektonische Struktur bestätigen müssen, indem sie sich kreisförmig um das Pferd scharten. Einflugschneisen der Wege liefen genau auf das Tier zu. Und erst am Nachmittag verdrängten die Kinderstimmen die Geschichte des Platzes erfolgreich in die Vergangenheit. In den Cafés unter den Arkaden saßen die Touristen vor ihrem *petit noir* und nur selten einer *Le Monde*. Die dargebotene Welt verlor nicht an Geschmack, gleich welche Nachrichten vom Vortag erschienen, in der Ausgabe von morgen, immer auf Vorsprung bedacht. Die Obdachlosen lagen weiter weg, mit einsetzender Dunkelheit über den Lüftungsschächten der Metro, wo die stickige, aber warme Luft nach draußen drang. Laras alte Dame hatte einen kleinen weißen Hund, der noch nie Metro gefahren war. Viel mehr wußte Lara nicht von ihr.

„Warum zählt man ein Leben in Sommern? So hat mein Parisleben ja noch nicht einmal angefangen“, dachte Lara und beschloß, etwas dagegen zu unternehmen, indem sie sich vornahm, die flüchtigen Eindrücke in handfeste Spuren zu verwandeln.

Die Türen hatten Zahlencodes, die Lara sich in Geburtstagen merkte, ohne daß sie Leute aus solchen Jahrgängen kannte. Für die meisten mußte sie ihr ganzes Gewicht gegen die Tür einsetzen, um eintreten zu können. Aber die goldenen Griffe verrieten, wo man zu stemmen hatte. Das Gold verblaßte nie. In Nepal sah man den Götter-Figuren in den Tempeln ihre bedeutsamen Stellen an: Da wo es glänzte, hatten die Gläubigen sie berührt, in der Hoffnung auf Übertragung der Stärke der Gottheiten. In Paris war es dem Fleiß der schwarzen Haushaltshilfen zu verdanken, daß alles gleichmäßig blitzte.

Manchmal, auf dem Weg zur Arbeit, fischte Lara sich einen Traum als Wimper aus dem Auge. Wohin die dann flog, wußte sie nicht zu sagen. Die Straßenkehrer in ihren grünen Anzügen ließen selten etwas liegen. Müll trennten die wenigsten. Wohl nur die alte Frau in Kieslowski-Filmen. Lara wußte nicht, womit sie beginnen sollte und hoffte auf Eingebung oder einen glücklichen Umstand, den sie spätestens dem Frühling abluchsen wollte. Noch hielt der sich jedoch auf Abstand.

Die Tage unterschied Lara an den Öffnungstagen der Boulangerien, es gab die mittwochs geschlossenen, während andere montags Pause machten. Ihre Bäckersfrau wußte, daß sie eineinhalb Baguettes kaufte, wenn sie nachmittags kam, und am Morgen einen *chausson aux pommes*. Der war warm und wurde in ein Stück Papier geschlagen, dem zwei kleine Ohren abstanden. Lara konnte ihre täglichen Beobachtungen niemandem mitteilen. Außer der alten Dame, doch die zeigte kein Interesse mehr.

Auf ihrem ersten Spaziergang sah sie die Seine mit Hochwasser. Die Quais waren in gleicher Höhe mit dem Wasserspiegel, und immer, wenn ein beinahe leeres Touristenboot vorbeikam, knabberten die Wellen das Ufer an und drohten, Lara zu erreichen. Es muß leicht sein, ins Wasser zu gehen, wenn es kein Schritt zu machen gilt. Von weitem sah sie einen toten Fisch, der dem Himmel vertraulich seinen Bauch präsentierte. Sie konnte nicht umhin, sich sein Ende auszumalen. Lara wurde schlagartig kalt, und so ging sie nach Hause. Früher, als sie in Toulouse gelebt und mit einer Mitbewohnerin zusammengewohnt hatte, hatten sie manchmal auch getanzt, um sich aufzuwärmen. In Paris wohnte Lara allein in ihrem *chambre de bonne*, im siebten Stock. Winzig, aber mit Blick in die Ferne, die schon wie die Unterfläche des Himmels aussah. Dort zu wohnen schien ihr angemessen.

Die Stühle in den Parks besuchte Lara jeden Tag. Es war die sicherste Art, Menschen zu treffen, wenn auch im nachhinein. An den Farben der Stühle konnte man ablesen, in welchem Park man sich befand. Im JARDIN DU LUXEMBOURG waren sie graugrün, in den TUILERIES dunkelgrün. Einmal hatte sie in den TUILERIES auch einen blauen entdeckt und wußte nicht, wohin er gehörte. Er stand ganz allein neben einer Figur, die ihren herrischen Blick zu dem Obelisken des PLACE DE LA CONCORDE gewandt hatte, als ob dieser ihr geschenkt worden sei und nicht dem napoleonischen Frankreich. Lara versuchte, einen Parkangestellten ausfindig zu machen, aber die saßen wohl in einer der Brasserien und warteten ab, bis die frühe Mittagshitze auf das andere Ufer der Seine abgezogen war, um sich wieder dem Ort ihrer Arbeit zu nähern. Der blaue Stuhl mußte warten. Auf eine Erklärung. Oder einen grünen Anstrich. Eine neue Kennung.

Jede Begegnung schien ausgeschlossen. Ein Außenseiterstuhl. Ich sollte ihn mitnehmen und ihm einen eigenen Park suchen. Anstelle weiter Telefonnummern im Portemonnaie anzuhäufen, dachte Lara. Zirkusnummern. Festes Programm, nur die weit aufgerissenen Augen fehlten ihr dazu. Spätestens nach dem letzten Wein, nachts, in irgendeiner Bar, wenn sie sich bereits ihren Heimweg ohne männliche Begleitung energisch erkämpfen mußte. Denn ein Gespräch wurde immer mit der Bereitschaft einer geteilten

Nacht verwechselt. Den Stühlen sah man nicht an, was kommen würde, sie waren die Wächter des Tages, da die Parks auch im Sommer schon um 22.00 Uhr geschlossen wurden.

Es gab drei verschiedene Ausführungen von Stühlen, die aufrechte Variante mit der kleinsten Sitzfläche ohne Armlehne wie Kindergartenstühle, etwas größere mit Armlehnen und Liegestühle, bei denen die Sitzfläche leicht angeschrägt war. Der Neigungswinkel, um der Sonne ins Gesicht zu schauen. Lara wählte meistens die mittlere Variante, um besser schreiben zu können.

Die Briefe, die sie nach Deutschland schickte, waren länger als die meisten ihrer Gespräche. Sie hatte wenig Freunde in Paris und war der Bekanntschaften überdrüssig, so daß sie die Ausnahme beinahe verpaßte: Najib. Er hatte sie einmal auf der Straße angesprochen und seither lachend gegrüßt, wenn sie einander begegneten. Sie wohnten in derselben Straße und erst Monate später gab sie sich einen Ruck, den sie nicht länger als Blöße empfand, und folgte seiner Einladung ins Kino. „Who's afraid of Virginia Woolf" stand am Anfang einer Beziehung, die es so weit nicht würde kommen lassen. Daß Najib noch im selben Jahr in den Süden ziehen wollte, kam bald heraus. Er war Maler und hatte es satt, daß seine Bilder im Keller verblaßten. Daran änderte auch ein Kinobesuch nichts, schließlich wurde es im Kino nach jedem Film wieder hell. Und die Sitze blieben unbeweglich in den Reihen hocken, ohne sich je von ihrem Nachbarstuhl verabschieden zu können, empfangsbereit für die nächste Vorstellung. Das war womöglich das einzige, was Lara dem Kino vorwarf.

Najib hatte in ihrem *chambre de bonne* lange keine Sitzhaltung finden können, an dem Abend, als er sie zum ersten Mal besuchte mit einem Strauß Pfefferminze, um ihr einen echten *thé à la menthe* vorzusetzen. Sie sah, daß es eine Kunst war, die Blätter zu reiben, mit Zucker zu bestreuen, den grünen Tee – *Temple du Ciel* – abzumessen, das nicht mehr kochende Wasser darauf zu gießen und beim Einschenken schwungvoll die Kanne nach oben zu ziehen, so daß der Strahl genug Weg hatte, sich abzukühlen. Schweigend hatte sie zugesehen und nur gedacht, ob es den aufgeriebenen Blättern wohl wehtat, mit dem heißen Wasser in Berührung zu kommen und ob der Geschmack dem Schmerz der Pfefferminze zu verdanken war, den nur der Zucker ein wenig abmilderte. Irgendwann saß Najib unter dem offenen Fenster mit lang ausgestreckten Beinen, den Kopf an den Fensterflügel gelehnt, und griff nur hin und wieder zu seinem Tee. Er saß die ganze Nacht in der gleichen Stellung, und später hatte sie sich zu ihm gesetzt. Er erkannte darin ein Zeichen von Zuneigung. Seine Haltung blieb unverändert. Und sie spürte statt Wärme nur Muskeln. Noch spielten die nur. Und sie hatte den Lindwurm der Ahnungen schlafen lassen. Es gab keinen Tisch in ihrem

Zimmer. Das war Najib als erstes aufgefallen. Es hatte ihm gefallen. Für alles andere war der Raum groß genug. Auch für einen blauen Stuhl. Ohne Armlehne.

Lara ging nachdenklich den Boulevard Richard Lenoir hinunter, Richtung Bastille. Ein paar alte Männer saßen auf den Bänken, eine Frau rauchte und ein Pärchen war auf einer Bank ineinandergegossen. Wenn doch endlich die Männer für immer die Hände aus den Hosentaschen nehmen würden, dachte Lara. Aber sie fürchtete, daß sie diese selbst dann nur zum Boulespielen gebrauchten. Oder zum Zigaretteanzünden, wie Najib. In dem Kino, das sie mit Najib besucht hatte, bedurfte es einer Balanceübung, die Arme auf den schmalen Lehnen zu halten. Najibs Arm hatte schon bald das Gleichgewicht verlassen und war auf ihrer Seite gelandet, einen vergeßlichen Moment lang. Hinterher gingen sie bis zur Metrostation schweigend.

Lara war blaß, aber es war Najib, der ihr das gesagt hatte. Im 18. Arrondissement, oberhalb von Barbès-Rochechouart, fiel es besonders auf. Auch daß sie leise sprach, sie mußte ihre Worte auf französisch von weit her holen, obwohl Deutschland ein Nachbarland war und vom gleichen Kontinent. In der Nachbarschaft ihrer Träume lebten die Alpträume. Seit das Vergessen Grenzhüterin war, lebten sie in friedlicher Koexistenz. In der Rue des Rosiers, als sie bei einem der jüdischen Läden einen Falafel bestellte, hatte sie zum ersten Mal erfahren, wie eine positive Antwort auch schmecken kann. „Vous êtes Allemande, n'est-ce pas?" „Oui, je le suis", und gefragt, ob sie den Falafel scharf bekommen kann. Najib hatte sie ausgelacht, als sie ihm erzählte, daß sie bei ihrer Antwort an so etwas wie Aids denken mußte. Daß sie jung genug war, die Krankheiten im eigenen Körper auszutragen. „Wahrscheinlich wolltest du nur den schlechten Geschmack auf der Zunge loswerden und dir die Tränen aus triftigeren Gründen in die Augen treiben lassen", sagte Najib. Dabei hielt er sie in seinen Armen auf, als verordne er eine Beruhigungstherapie. Verdrängen. Wo ein Alptraum ist, kann ein zweiter nicht sein, gleich, wovon er handelte. Sie überlegte, was wohl schlimmer war, ihre Ausrede oder seine Hellsicht, und daß Najib gehen würde.

Das Urteil, das Lara über sich gefällt sah, lautete auf lebenslängliche Freiheit. Wie das schon klang. Das hatte Najib scherzend gesagt, bevor er seine Sachen gepackt hatte. Daß sein Entschluß unwiderruflich feststand, hatte er ihr klargemacht und auch, daß sie nicht unbeteiligt daran war: Ein halbes Jahr zuvor hatte es anders ausgesehen, damals, als sie ihn zu nett fand, um zu reagieren, als er sie ansprach, und sie gefürchtet hatte, wieder nur eine Telefonnummer davonzutragen, die sie nicht benutzen würde. Das Herz zum Abschied mußte leicht sein, damit die Muskeln um so kräftiger spielen konnten und sei es beim Schleppen von Bildern, bei deren Verpacken sie Najib geholfen hatte. Liebe ist kein Gewichtheben, sondern Leichtathletik, hatte sie dabei gedacht, aber nicht mehr gewagt, es auszusprechen. Das war bereits zwei Wochen nach dem Kinobesuch, zwei endliche Wochen.

Vielleicht hat er sein Auge nur nach einem Ziel ausgeworfen, um es zu überbieten, dachte Lara, wissend, daß ihr Unmut ungerecht war. Gegen Herzmuskelschwund war kein Kraut gewachsen, für das sie den Namen kannte. Aber daß ihr Herz den Ballungsraum bildete, in dem sich das Leben abspielen würde, stand ihr klar vor Augen. Zum ersten Mal, als sie ihn geküßt hatte. In ihrem Dachzimmer, nach dem Kino. In dem sie jenes Mal nicht allein blieb. Vorher war auch ihr Herz nur eine Faust gewesen, die sie am rechten Fleck schlagen spürte. Sie hatte an eine Konstruktion gedacht, in der die Spielbälle nicht wie Flipperkugeln umherschossen, bevor sie ins Aus verschwanden, aus dem man sie zwecks Forstsetzung erst wieder mit Geld auslösen mußte. Es gab Spiele jenseits der Geduld, die man nicht allein spielen konnte. Zu denen man Hände brauchte und keine Armlehnen. Sie wußte, worauf sie sich einließ, es war nicht ungefährlich. Schließlich wurde Paris schon einmal mit einer „idealen Topographie für eine offenkundige Aggression“ verglichen.

Wenn er doch aufhörte, mit geballten Fäusten zu tanzen, dachte Lara, als ihr am letzten Abend mit Najib in der Bar de la Gare aufgefallen war, daß er auch seine Hände schon gepackt hatte. „Je t'aime moi non plus.“ Das ließ sich singen, schluchzen oder pfeifen. Auf der Müllhalde fing es nur im Film an. Weiter ging es mit einer Verwechslung, dem Blick von hinten, am Tresen. Aber die Wünsche lagen wohl auch schon zu Anfang des Films verschüttet.

Aus der flüchtigen Gelegenheit war eine Angelegenheit geworden, bevor ihr Herz abgedichtet war. Dabei hatte sie schon am ersten Abend Najibs Telefonnummer ausgerechnet und nach deren Funktionsgleichung gesucht – alles in der Hoffnung auf eine Gerade im endlichen Bereich eines Koordinatensystems von Ort und Zeit. Doch ihre Wünsche hatten sich nicht mehr geschnitten, Najib hatte sich nach seinem Halbjahresvorsprung nicht mehr einholen lassen von ihr.

In der südlichen Sonne zwischen Montpellier und Arles wanderten die Schatten schneller, so daß sein Pinsel sich eilen mußte, sie aufzuhalten. In Arles waren die Platanen zudem nicht beschnitten. Und immer, wenn sie sich in Flecken häuteten, brachten sie hellere Muster zustande, ohne auszubluten. Sie dachte an Leinwand als Pflaster. Und an radikale Lösungen à la Haussmann, die Zufahrtswege ihrer Herzinfrastruktur zu vergrößern. Die Rebellion von innen drohte besonders, wenn das Telefon klingelte. Cocteaus *La Voix humaine.* Aber die Haut hielt dicht.

Das nächste Mal im Jardin du Luxembourg stieß sie auf einen Stuhl, der aussah, als hätte etwas seinen Abschluß gefunden. Er stand abseits und war mit Absicht vor den kleinen Teich gestellt, in Sichtachse zum PALAIS DU LUXEMBOURG. Es war einer der aufrechten, mit Armlehnen, die aber nicht benutzt aussahen, außer um sich zu erheben. Aus dieser Perspektive ließ sich nur mit einem Entschluß aufstehen, langsam, bedacht, während die herunterhängende Hand unbewußt den Stuhl ausrichtete, der leicht verschoben worden war in Richtung Boulevard Saint-Michel. Vielleicht etwas zu sagen von Ende, eine Hand drücken und dann eine Klinke und den Schlüssel durch den schmalen Spalt des Briefkastens hindurchzwängen, bevor die große, schwere Tür mürrisch nachgäbe und jemand entschlüpfte. Sie stellte sich vor, sie würde diesen jemand am Abend treffen. Jemand, der schon fast an der BAR DU FAUBOURG vorbeigegangen war und sich erst im letzten Moment eine Abweichung gönnte. Eine Abweichung, die schon das Ziel sein konnte, das er hinter sich gelassen hatte, ein für alle Mal, so könnte er denken. Er würde ein kleines Bier bestellen und es stehend an der Theke trinken mit Blicken, übrig nur für die Schriftzüge der Sortennamen von Alkoholika aus aller Welt und den Fernseher, dessen Ton abgeschaltet war. Abschied leichtgemacht, so jedenfalls schien er seine Trinkhaltung zu formulieren, denn er hatte schon das zweite Bier heruntergestürzt und ein weiteres verlangt. Aber er war auch schon einmal von einem Stuhl aufgestanden und hatte sich abgewandt von der Fontäne, die es mit dem Wind getrieben hatte. Hoffentlich zieht er nicht in die Impasse des Souhaits, die hatte Lara bei einem ihrer Streifzüge im 20. Arrondissement entdeckt und war sofort erschrocken weitergegangen, als sie bemerkt hatte, daß selbst dort Leute wohnten. Der Mann, den sie sich im Park vorstellte, sah schon so flüchtig aus, daß ihm nur das Ende einer Sackgasse die eine mögliche Richtung vorgab, in der es weiterging. Lara schob einen zweiten Stuhl neben den ersten, in der Hoffnung, damit ihrer Phantasie Einhalt zu gebieten.

Am Abend ging sie klopfenden Herzens, für das sie sich schalt, in die Bar du Faubourg, aber an der Theke waren nur zwei alte Männer zu sehen, die auch nicht weiter wußten als bis zu ihrer nächsten Bestellung.

Najib hatte fünf Jahre mit einer Frau zusammengelebt, bevor er das kleine Studio mietete, in dem nicht genug Platz war für Bett, Bilder und Arbeit. Selbst die Sonne hatte sich ferngehalten, weil es ihr zu eng darin war. Lara trank ein *bière blanche* und blätterte in ihrem ausgedünnten Schlüsselbund. Sie konnte die Zuordnungen leicht finden. Briefkasten, Fahrrad, zweimal Wohnung, Keller. Den eigenen Wohnungsschlüssel führte sie doppelt, wenn auch nicht am gleichen Ring. Einen Schlüsselbund haben wir in unseren zwei Wochen nicht geschlossen, dachte Lara, ohne daß es sie tröstete. Sie kannte die Ziffern von Najibs Türcode immer noch auswendig, auch wenn sie aus dem fiktiven Geburtsdatum ein Sterbedatum gemacht hatte. Die Person war dieselbe geblieben.

Manchmal wurde ein Raum zum Käfig nur durch die Ankunft eines weiteren Besuchers. Lara hatte erwartet, daß es auffallen würde, wenn sie bei der alten Dame den ganzen Tag die Fenster offenließ, die Südfenster. Aber deren Tochter, Mme de Mervaux, hatte sich nur über die schlechte Qualität des Gardinenstoffes beklagt, der von der Sonne faltenweise gebleicht war, und hatte ihr aufgetragen, ihn zu waschen. Lara wünschte sich, daß einmal die Schornsteine als Abdrücke auf dem Stoff zurückblieben, ein weißes Negativ. Dabei sahen die Schornsteine im Sommer unbesucht aus, nicht einmal Katzen ließen sich blicken, wahrscheinlich wurden Flüche und Verwünschungen mittlerweile auch in jeder Küche zusammengebraut, ohne daß die Zutaten dafür ein Geheimnis waren. Die Hexenkunst war zum Kunstgewerbe verkommen, zu viele Besen, zu viele Köche, und wenige nur, die das Lied vom Besenmacher kannten und dessen Schlußfolgerung.

Kochen zählte nicht zu Laras Stärken. Das bemängelte auch ihre alte Dame. Für Lara gehörten Luft und Liebe untrennbar zusammen, das konnte ihr niemand ausreden. Hinzu kam, daß sie immer zuviel Salz benutzte, wenn sie kochte. *La Baleine*, der Wal, wie die Marke hieß. Ein Jonas war ihr noch nicht über den Weg gelaufen. Wie würzt man, wenn man haßt? Wenn zur Rettung kein Weg mehr führt, außer übers Wasser?

Der Wasserspiegel der Seine war gesunken seit jenem Tag,

als er nach ihren Füßen leckte. Lara schlug den Weg zum JARDIN DES PLANTES ein, in der Hoffnung, ihrem Lieblingsschriftsteller bei einem seiner Spaziergänge zu begegnen. Als sie ihn auch diesmal auf keiner Bank sitzen sah, setzte sie ihren Weg zum JARDIN DU LUXEMBOURG fort. An dem Tag standen die Liegestühle dort oberhalb der Treppe wie im Kino aufgereiht, mit Blick in die Sonne. Doch als sie sich niedergelassen hatte, bewahrte sie nicht einmal die Rückenlehne im Nacken vor einem Anfall von Schwindel. Kein naher Westen, der mit Bomben drohte, wie in ihrer Kindheit. Nur ein allzu ferner Süden und ein Sonnenuntergang, irgendwann später am Himmel, der es kaum erwarten konnte, die Nacht auszustülpen. Lara verließ sich auf ihre Träume und schlief ein.

Als sie die Pfiffe der Parkwächter an die Schließung gemahnten und sie den Park in Richtung Port-Royal verlassen wollte, stieß sie auf zwei andere Stühle. Diese Stühle sahen beleidigt aus, die Rücken zueinander, in verkehrter Richtung. So kann man nicht sitzen. So kann man auch nicht stehen bleiben. Das war ein Foul, aber der Schiedsrichter hatte es verübt, dachte Lara. Zuschauer hatte es nicht gegeben, die Stühle standen vereinzelt und die Platanen streckten ihre Zweige schützend über die Szene, die bis zum nächsten Morgen vorhalten mußte, weil keiner mehr kam, die Stühle zu erlösen. Vom Siegertrip erholt sich keiner ohne chronische Folgeerscheinungen. Nicht einmal im Schlaf, aus dem wacht man auf, dachte Lara. Seinen Gegner wie Luft behandeln, das gelingt selbst den Boulespielern nicht. Was aber, wenn der Gegner Luft ist? Mit Leichtfertigkeit, stellte sie sich vor, müßte man solch einer Schwerfälligkeit begegnen, welche die Gravitation so nahelegt. Dabei hatten die Stühle schon den Gegner im Nacken und keine Deckung des Herzens mehr. Sie stellte sich vor, Najib von einem der Stühle losgehen zu sehen: *Homme qui marche sous la pluie*, dem sie im CENTRE POMPIDOU begegnet war, einem Giacometti, genauso gebeugt, genauso aufrecht. Er wird es malen, dachte sie, schließlich wird er noch Farbe bekennen und nicht nur den Hintergrund andeuten. Der Süden zwingt ihn dazu. Und mich wird's nicht kümmern. Wahrscheinlich ändert sich bald schon der Türcode der 4, Rue Roger Verlomme. Und ich kann einer anderen Person ein zweites Geburtsdatum schenken.

Dabei ist Süden auch nur eine Himmelsrichtung, in der man sich irren kann, wenn die Sonne im Zenit steht. Lara fiel ein, daß die Arrondissements in Paris spiralförmig angeordnet waren und daß der Radius immer größer wurde. Eine Ameise würde den Weg finden im Schneckenhaus. Und eine Infrastruktur ist kein Labyrinth. Sackgassen wird es nicht geben. Ich sollte ihn fallen lassen, den Faden. Meine Zugvogelsehnsucht, zumindest für dieses Mal, dachte sie und verließ den Park, nicht ohne neben ihren Stuhl einen zweiten vertraulich zurechtzurücken. Sie entschloß sich, ins

Kino zu gehen. Mochte die Erinnerung auch noch so stark sein, sie wußte es besser. Aus dem Park war kein Garten geworden. Das war offensichtlich. Was aber folgte daraus?

Im IMAGES D'AILLEURS, einem ihrer Lieblingskinos, lief schon die Werbung, und sie ließ sich, ohne sich wirklich zu entscheiden, in der letzten Reihe nieder, gleich unter den Neonbuchstaben „Sortie", was sie mit Ausweg übersetzte, im stillen.

Doppelkopf und Saaleabwärts. Jena

„Warst du schon einmal in Jena? Nein? Jena kennt man, auch wenn man nie dort gewesen ist. Sogar in Paris, weil Napoleon die Schlacht bei Jena und Auerstedt gewonnen hat. Das ist den Parisern sogar eine Seinebrücke und eine Avenue wert. Oder Carl Zeiss, den kennt man auch, der hat seinen Namen auch der Mannschaft des Jenenser Fußballklubs vererbt. Die meisten, die sich Jena per Auto nähern, fahren allerdings einfach auf der A4 daran vorbei, weil sie das Neubaugebiet Neu-Lobeda mit der Stadt verwechseln.

Für mich als Kind war es die Stadt der Wunder und Hexen. Sogar einen Riesen gab es, der aber schon vor Jahrhunderten in die Knie gezwungen wurde, so daß er sich schlafen legen mußte und nur sein kleiner Finger zum Gedächtnis stehenblieb, damit ihn nachfolgende Generationen als Zeigefinger lasen. Ich ging ihn manchmal ärgern, aber er war nie kitzlig. Die Dorfhexe aus Drakendorf, Käthe, hatte einen Schäferhund und einen Buckel. Meistens hörte man sie schon von weitem schimpfen und an der Leine zerren, wobei sie das L verschluckte und nur ein hartes ‚wist du wohl' übrigblieb, das manchmal auch ihrer Schwester, einer ebenfalls buckligen kleinen Frau galt, mit der sie in einem der Häuser am Ende der Dorfstraße zusammenlebte.

Drakendorf kommt von Drache, der aber schon lange keinen Tribut mehr forderte, so daß man auf die Idee gekommen war, in der Nähe das Wohnungsbauprogramm durchzusetzen, indem man in den 70er Jahren eine Neubausiedlung errichtete. Nichts als Felder, Mulden und Wiesen, die die Hügel ins Flache zogen, das gab vorher der großzügige Ausblick von Hitlers Autobahn frei. Meine Eltern jedoch waren froh, die Wirtin, die auch nach ihrer Heirat eine gemeinsame Übernachtung in dem kleinen gemieteten Zimmer in der Lutherstraße mit skeptischen Blicken beargwöhnte, gegen eine Drei-Raum-Wohnung in Neu-Lobeda-Ost einzutauschen, in deren unmittelbarer Nachbarschaft eine Kaufhalle entstand und eine Ladenstraße, über die nachts die Hasen huschten, trotz Autobahn und Buswendeschleife. Etwas höher gab der Blick nach Südosten die Leuchtenburg bei Kahla frei. Doch war die winzig, ich habe oft versucht, sie mit dem Fingernagel wegzuschnipsen, aber sie rührte sich nicht. Die Lobdeburg auf der anderen Seite des Balkons hatte sich schon vor lauter Verunsicherung in ihre Ruinen zurückgezogen, aber das Echo spielte mit mir Verstecken, wenn ich kam, es zu suchen. Ich ging oft dorthin, weil ich in den Steinen nach Muschelabdrücken suchte oder anderen Spuren, die man vergessen hatte zu tilgen. Das ging gut, solange es hell war.

Sechs oder vielleicht zehn Jahre alt war ich, als ich mich jede Nacht vor einem neuerlichen Traum ins elterliche Schlafzimmer flüchtete. Abends war ich deutlich jünger. Manchmal reichten meiner Angst schon die Buchrücken, die ich tagsüber im Bücherregal der Eltern entziffern übte. ‚Die Richtstatt' zum Beispiel. Das war in meiner Phantasie der Ort, an dem sie meine Schule errichtet hatten, nur um die Folterkammern zu verbergen. Da gibt es nichts zu lachen. Von Buchenwald hatte meine Großmutter, die während des Krieges in Weimar lebte, ja auch nichts mitbekommen. Nicht alle bekommen etwas mit. Einmal habe ich gefragt, ob es früher an der Schule einen Lehrer gab, der Pfändtner hieß, einen Bekannten meiner Großeltern, vor dem ich schon Angst hatte, bevor ich ihn richtig kannte. Die Schule war zwar neu gebaut und trug den Namen des ersten Präsidenten der Republik, doch das beruhigte mich keineswegs. Ich konnte nichts nachweisen, war aber erleichtert, als ich die Schule wechselte.

Und da war noch die Geschichte von dem Mankurt, der seine Mutter, die ihn suchen kam, nicht mehr wiedererkannte und auf Anweisung seiner Herren umbrachte, als ob es ein Befehl wie jeder andere sei. Man hatte ihm auf den rasierten Schädel eine frische gezogene Kamelhaut übergestülpt, welche die Sonne mit der Kopfhaut zu einer Haut verschmolz, um ihn zum Sklaven zu machen, dem keine Erinnerung und kein Gedächtnis mehr in die Quere kommt. Diesen Ausschnitt habe ich wieder und wieder gelesen. Und mußte mir jeden Morgen erneut über den Kopf streichen, um mich zu vergewissern, daß ich noch alle Haare hatte. ‚Der Tag zieht den Jahrhundertweg'. Wohin, das fragte ich mich immer beim Abendbrot, wenn es schon wieder viel zu dunkel für mich war. Bettdecken boten Schutz, Gebete ebenfalls, aber Träume waren hinterhältig und drangen ungewollt und flinkerhand ein. Vielleicht hatte ich auch nicht genügend Vorrat angelegt, für später. Andere Kinder, die Mädchen aus meiner Klasse, sammelten Postkarten, von Tieren hauptsächlich. Auch die kamen in meinen Träumen vor, weniger zahm allerdings. Aber vor allem Pfändtner mußte ich abwimmeln. Er wollte immer, daß ich ihn begleite, auf den Friedhof oder ins Schwimmbad. Mein Bruder konnte mir nicht helfen, der war drei Jahre älter, zu alt für mich damals, und in meiner Klasse war ich Einzelfreundin. Freundschaften wurden jeden Tag neu gemischt. Dreiergruppen waren instabil, das hatten auch die Lehrer erkannt, wenn sie uns Kinder vor Unterrichtsbeginn in Zweierreihen antreten ließen, bevor wir Hand in Hand ins Schulgebäude eingelassen wurden. Daher wußte ich, wie bedeutsam der Vorgang war, um jemandes Hand anzuhalten. Und daß man es richtig anstellen mußte.

Die Welt schien riesig, aber daß es mich treffen würde in Neu-Lobeda, in unserem achten Stock, dessen war ich mir sicher. Mörder, Hexe oder Atompilz – alles Gründe, sich zu verkriechen. In meiner Phantasie kamen Lügen nicht vor. Auch wenn ich versuchte, so wenig wie möglich die Muster von meiner Bettdecke zu berühren, die grundfarben weiß war. Sonst würden mir die Streifen oder Blumen noch einen Atemzug längeren Lebens rauben. Ich weiß nicht, warum ich nicht davon abgebracht werden konnte, daß weiße Bettbezüge bei einem Atomschlag helfen. Wenn man Schneeglöckchen schellte, half das nicht viel. Auch die Himmelschlüssel blühten zu kurze Zeit, um ausreichend Schutz zu versprechen. Ein Buchtitel, den ich mir für den Notfall aufhob, war ‚Vögel, die verkünden Land'.

Aus Mohnblumen, die ich am Feldrand fand, bastelte ich kleine Fingerfrauen, indem ich die Knospen an der Naht vorsichtig auftrennte und die zerknitterten Blütenblätter hervorholte und glattstrich. Den Kopf bildete der Fruchtknoten des aufgeblühten Mohns, den ich in das fertige Blütenkleid steckte, nachdem ich die Blätter davon abgetrennt hatte. Ich zog meine Fingerfrauen den Mädchen der Nachbarschaft vor. Sie starben jedoch alle recht schnell, und ich hielt lange Grabreden.

Auf dem Zebrastreifen versuchte ich, nicht auf das Grau zu treten und verteilte meine Schritte auf einen großen und zwei kleine. Erwachsene hätten das für einen ins Gerade gezogenen Walzer halten können. Frau Krüger, die Nachbarin auf unserer Etage, sagte nichts dazu, mit ihr ging ich einkaufen. Ich legte einen Vorrat aus haltbaren Lebensmitteln an, den ich mir nachts sogar unter die Bettdecke packte, man wußte ja nie.

Schaukeln gab es in Lobeda nicht, nur bei den Großeltern und im Eisenacher Garten. Ich liebte das Schaukeln, da hungerte einen der Horizont nicht aus, und man blieb auch nicht mit den Füßen im Wald stecken, selbst wenn man ihn streifte. Oft war ich in den Sommerferien bei den Großeltern in Jena-Ost, einer Altbau-Siedlung am anderen Ende der Stadt. Die hatten noch einen Ofen, der sich nicht für eine endgültige Position entscheiden konnte und einfach in der Mitte des Raumes stehengeblieben war, bevor man die Zimmer mit Hilfe von Wänden aufteilte, und so stand er eingemauert. Er wurde von einem Zimmer aus beheizt, und im anderen bot er seine Vorderseite als Rückenlehne, vor der Ofenbank stand der Tisch. Dort konzentrierte sich alles. Blicke und Flohspiel und Menschärgeredichnicht und Saaleabwärts und Abendbrot und Kreuzworträtsel. Der Großvater spielte nicht. Er kritzelte lieber in seinen Fernsehprogrammlisten oder war im Keller.

Ab und zu kam meine Cousine zu Besuch. Oft aber war ich allein. So vergrößerte ich mit jedem Sommer den Radius meiner Expeditionen zwischen Fuchsturm und Jenzig, Pflaumenallee und Mulde, manchmal kam Tinka mit, der

Hund meiner Großeltern. Es war mir sogar gelungen, meinen Schatten abzuhängen, als ich gerade wieder das falsche Hufeisen ablief, von den Kernbergen zum Fuchsturm, und die Sonne den Bergrücken, auf dessen Schulterblättern ich ging, auf der anderen Seite des Tals abbildete. Mein Schatten mußte Teil darin sein, das beruhigte mich, und so ging ich neben ihm her und auf ihn zu. Wie grüßt man seinen Schatten, wenn er fremd ist. Neben Pfändtner sah mein Schatten sehr klein aus. Dann half nur, ihn hinter mir zu haben und die Sonne im Gesicht. Doch daß es so kommen würde, wußte ich da noch nicht.

In jenem Sommer baute ich mir ein Baumhaus. Wenn ich blaue Flecken auf den Knien hatte, lag es daran. Am Klettern in Bäumen. In Lobeda waren die allerdings viel zu klein. Ich mochte alle diese Spiele von Haschen bis Verstecken und Abschlagen nicht, weil ich fürchtete, nicht aus der Wiederholung herauszufinden. Der Buswendeschleife. Immer wenn ein Bus abfuhr, kam der nächste. Immerzu. Schlaufen und Schlingen. Abends schlief ich erst ein, nachdem ich mich vergewissert hatte, daß meine Schnürsenkel keine Knoten geschlagen hatten, um so schnell wie möglich wieder aufzuwachen und die Schuhe erneut zu kontrollieren. Über offene Schnürsenkel konnte man stolpern. Die Handgriffe mußten sitzen. Ich mußte auf der Hut sein. Einen Wecker hielt ich lange für einen Beruf, später wollte ich so etwas werden. So konnte man immer schon wach sein, bevor der Alptraum begann. Später. Das klang wie ein Versprechen.

Einmal hatte ich eine Gehirnerschütterung, als ein Ast brach. Ich hatte versucht, auf einen noch jungen Baum zu klettern, weil ich glaubte, Pfändtner kommen zu sehen. Dabei war ich in Lobeda, und der Fuchsturm und die Siedlung der Großeltern eine halbe Busstunde und zwanzig Minuten Straßenbahn entfernt. Ich hoffte auf den Zeitpunkt, an dem Pfändtner tot sein würde oder ich ihm in die Augen blicken könnte, ohne zu erschrecken.

Ich war ein Schlüsselkind. Türen waren kein Problem für mich. Als ich zum ersten Mal im Bus selbst auf den Knopf über den Türen drücken konnte, damit der Bus hielt, und keinen Erwachsenen mehr bitten mußte, meine fehlenden Zentimeter auszugleichen, da wußte ich, daß ich groß war. So groß wie meine Jenaer Großeltern, die deswegen so hießen und zu denen ich nun allein fahren durfte. Groß sein hieß, Dinge allein machen können. Mein Großvater war so verschlossen, daß er sogar noch die Kellertür hinter sich zuzog, um nicht gestört zu werden. Er verbrachte den ganzen Tag dort unten und bastelte an seiner Modelleisenbahn. Ich sah ihm manchmal dabei zu, aber es kam mir nicht so vor, als ob er mich bemerkte. Erwachsen sein hieß Alleinsein. Hieß, eine Klingel haben und nur zum Mittag- oder Abendessen nach oben in die Stube kommen und gemeinsam bei laufendem Fernseher zu essen. Mit Inbrunst führte mein Großvater Listen vom Westprogramm, die er sorgfältig in Schulhefte eintrug. Manchmal rief er meinen Vater an, um ihm zu sagen, wann wieder ein Tatort kam. Es klang wie eine Verabredung zu einem geheimen Treffpunkt, den er verschlüsselt angeben mußte, damit niemand außer meinem Vater hinfand. Ich versuchte, sein Sütterlin zu entziffern, um die beiden dort zu überraschen, aber ohne Erfolg. Stickhäkchen aufzudröseln und Fäden aus Knoten zu gewinnen fiel mir erheblich leichter. Dafür war die Großmutter zuständig, die mit der weichen Stimme. Die auch manchmal weinte. Ich war enttäuscht, als ich herausfand, daß es nicht wegen Pfändtner war. An ihre Tochter, die sich umgebracht hatte, dachte ich dabei nicht.

Meine Großmutter war es auch, die mir ‚Müde bin ich, geh zur Ruh' beigebracht hatte und die mir manchmal vorm Einschlafen ‚Abend ward, bald kommt die Nacht' vorsang. Sie hatte ihre Tochter verloren, die sie wie meinen Vater noch im Krieg geboren hatte. Ich wußte von meiner Tante nur, daß sie auf dem Kopf gehen konnte. Das hatte sie gezeichnet. Mein Vater hatte mir erzählt, daß sie ertrunken war, in Halle, als Studentin, als es ihr sehr schlecht, psychisch schlechtging. Ein Grund für ihn, mir das Schwimmen beizubringen, als ich noch ganz klein war. Im Alter von drei Jahren wurde ich einmal von älteren Kindern aus Versehen ins Schwimmbecken gestoßen, ich erinnere mich, daß ich mich anschließend unter meinem blauen Bademantel versteckte, den meine Mutter wie ein Tipi hielt, damit sie mich nicht mehr suchten. Das hatte meinen Sinn für die Unterscheidung der Elemente geschärft, Molche, Salamander und Frösche würden später zu meinen Lieblingstieren zählen. Deren Farben bezeugten, daß ihre Verwandlung gelungen war, jenseits des Feuers. Daß man die alte Haut verbrennen konnte, ohne mit sieben eisernen Stöcken, sieben Paar eisernen Schuhen sieben ewige Jahre ablaufen zu müssen, um für die Unvorsichtigkeit zu büßen.

Das ist alles sehr lange her. Immer noch, wenn ich bei meinen Eltern zu Besuch bin, kann ich es mir nicht verkneifen, mit dem Zeigefinger die Rücken der Artia-Märchenbücher entlangzustreichen, von denen meine Mutter eine ganze Sammlung besitzt. Damals ließ ich meinen Finger entscheiden, mit geschlossen Augen, nach dem Wünschelrutenprinzip, in welches Land ich mich entführen ließ. Bei den Märchen hielt ich an, sobald ein Name auftauchte. Der klang anders als die Namen der Straßen in der Umgebung. Fabeln mochte ich nicht, Tiere auch lieber in Wirklichkeit. Katzen immer noch am liebsten, weil die wieder nach Hause fanden, selbst mit einem fremden Ort als Ausgangspunkt.

Himmelsrichtungen wurden, wo ich aufwuchs, dazu mißbraucht, die Welt in Gut und Böse aufzuteilen. Ich fand das plausibel, auch, daß sich die Vögel da raushielten und im Winter in den Süden zogen. Schade war nur, daß Hühner nicht dazuzählten. In Eisenach bekam ich zum ersten

Mal eine Ahnung von einer Grenze, zwischen Johannisbeerbüschen und Liegewiese war ich dem Westen nahe genug, um vorsichtshalber das Hakenschlagen zu üben, auf die Wartburg, auf der sich schon einer erfolgreich gegen den Teufel zu wehren verstanden hatte. Deshalb bin ich in Berlin in die Junker-Jörg-Straße gezogen. Dabei habe ich mittlerweile Pseudonyme nicht mehr nötig. Die Spiegel haben mir mein Gesicht zurückgegeben, das sie so lange verwahrt hatten. Im Märchen gehörte der Spiegel immer der Stiefmutter. Pfändtner war wahrscheinlich ihr Mann, auch wenn er manchmal andere Namen trug, mit denen ein Geheimnis verbunden war.

Einmal habe ich Pfändtner einen Kirschkern an den Kopf gespuckt. Meine Großmutter schimpfte so sehr mit mir, daß ich mich schließlich sogar schämte, obwohl ich aus tiefster innerer Überzeugung gehandelt hatte. Dabei habe ich hinterher nichts Auffälliges an ihm bemerken können, nicht einmal eine Beule. Er lachte nur und fragte, ob ich sein Kompott haben wolle, als zweiten Nachtisch – und ich bin hinausgerannt. In jenem Sommer war ich sehr lange bei den Großeltern, da meine Mutter im Krankenhaus lag. Einmal durfte ich meine Mutter dort besuchen. An beiden Armen hing ein Tropf, und meine größte Sorge war, daß sie ja nun nicht mehr beten könne. Ich erschrak, weil ich an ihrem Bett stehen mußte und mich nicht dazulegen durfte. Krankheit war auch weiß, und ich hatte zum ersten Mal das

Gefühl, mich bewähren zu müssen. ‚Meine Große', hatte sie mich genannt, und ich verschluckte die Worte, die hervorstürzen wollten aus mir und die ich nur von unter der Bettdecke hätte erzählen können. ‚Du mußt den Wespenstich schön kühlen. Bis du heiratest –' ‚ist alles wieder gut, Mama', ergänzte ich und fing an zu weinen. ‚Ist ja gut, schon gut' und ‚sei tapfer, ich bin es auch', sagte sie noch, und ich mußte das Zimmer verlassen.

Der zunehmende Mond war mir immer ein zuverlässiger Garant meiner Wünsche. ‚Ich grüße dich, lieber Mond. Ich grüße dich, lieber Mond. Ich grüße dich, lieber Mond.' Dazu drei Verbeugungen, sehr tief und ehrfurchtsvoll und den Wunsch losschicken in seine Obhut. Einen für den kranken Nachbarn, einen für mich. Obwohl ich mir diesen manchmal gern aufgehoben hätte, um ihn nicht zu verschwenden, falls es noch einmal dringlich sein würde, wie jenen Sommer mit Pfändtner. Ich hielt mich auch später noch strikt an diese Reihenfolge, um nicht allein glücklich sein zu müssen, wie im Märchen. Das hatte ich, je größer ich wurde, um so seltener nötig. Ich schlug mich ganz gut, in den meisten Spielen. Mein Großvater in Bad Frankenhausen war ein begeisterter Spieler, der über Doppelkopf sogar das Abendbrot vergaß und die Zeit, mich und meinen Bruder ins Bett zu schicken. ‚Hack ihn ab', das war sein Lieblingsspruch beim Doppelkopf, etwa wenn man die Alten überstechen konnte mit Spitz oder Dulle. Ich mußte immer an den Holzklotz denken dabei, der unter dem Birnbaum stand, an dem ich einmal Hühnerfedern gefunden hatte, und mir leuchtete ein, daß er deswegen nicht mehr wachsen wollte. Ich habe ihn dennoch gegossen und auch einen Hühnergott dazugelegt, zur Versöhnung, aber er trieb nicht wieder aus. Die Welt war eine Blutrinne. Man mußte nur rauskriegen, wohin das ganze Blut floß. Das hatte ich erfahren, als ich Donnerkeile sammeln wollte und auf dem freien Feld unterhalb des Bauernschlachtdenkmals, ein Panorama in Form eines Rundbaus mit einem riesigen Werner-Tübke-Gemälde darin, ein einfacher Weg, nicht einmal eine Straße, diesen Namen trug: Blutrinne. Soviel armes Bauernblut, wie ich mir vorstellte, weil Bad Frankenhausen sogar im Geschichtsunterricht behandelt wurde, obwohl es nur ein kleines, verschlafenes Städtchen war, konnte ich nicht auffangen. Ich hätte ihm gern einen Körper zurückgegeben, zur Not auch den eigenen. Im Traum kämpften die Bauern auf meiner Seite gegen die Hexen. Donnerkeile waren schwerer als Kirschkerne und älter. Das versprach Wirksamkeit. Mit Kirschkernen kam ich einfach nicht weit genug, die ich in Jena zu meiner Verteidigung verwendete. Obwohl ich die Urenkelin eines Jägers war.

Die frühen hellen Kirschen weckte die Jenaer Großmutter sommers ein, das blieb der einzige Grund, daß auch sie in den Keller ging, wenn sie Platz im Regal für einen neuen Jahrgang machen mußte. Manchmal schlich ich mich in den Keller, um die Regale abzulaufen, und überlegte, wie sich die Kirschen wohl wieder aufwecken lassen würden. Ich habe auch heimlich Kerne gesammelt, um sie auf dem Grab der Tante in die Erde zu stecken. Aber der Efeu war stärker und hielt dicht.

Die Kirschen, der Friedhof, Pfändtner, der die Großeltern oft besuchte, erst recht, wenn ich da war, so kam es mir vor, ein alter Freund der Großeltern, angeblich aus Wandervogelzeiten. Er sei Lehrer in der Ostschule gewesen, hatte die Großmutter erzählt, auf die alle ihre Kinder gegangen sind, auch die Tante und mein Vater. Aber ich glaubte, daß Pfändtner Spion war und daß er heimlich Aufnahmen machte und daß ihm die verschiedenen Namen zur Vertuschung seiner Vergangenheiten dienten. Mir hatte er gesagt, er sei gerade auf dem Gebiet des Sports und insbesondere der Nachwuchsforschung tätig. Ich glaubte ihm nicht, die Großmutter hatte erzählt, daß er bei den Wanderausflügen eines der Schlußlichter war, die erst ein paar Schritte zulegten, wenn das nächste Wirtshaus auftauchte.

Um mich zu überzeugen, hatte Pfändtner versprochen, Photos zu schicken. Die Mädchen, die er photographiert habe, seien alle in meinem Alter, und man würde nur anhand der Aufnahmen erkennen, wie gymnastisch befähigt sie seien und ob es sich lohne, sie in eine Trainingsklasse aufzunehmen, und er würde ein Photo von mir machen und es dann zur Prüfung verschicken. So versuchte er, mich zu überreden. Meine Großeltern gestatteten, daß wir zusammen ins Schwimmbad gingen. Dort wollte er mir zeigen, wie ich federn müsse, damit ich den Spagat beherrschen lerne. Widerwillig ging ich mit. Im Schwimmbad angekommen, fing er sofort an, ich solle nicht verkrampfen, das sei das ganze A und O. Ich sah seine Hand näherkommen, aber da war es zu spät. Sein A und O hätte ich ihm gern als Alphabet der Rache hinterhergeschrieen, so daß es jeder hören würde und niemand mich länger mit seiner Tochter verwechseln könnte, falls ein Blick von weitem auf uns fiele. Ich rannte davon, über die Kleewiese, um mich freizuschwimmen, weg von dem Apparat, den er noch in der Hand hielt, wie ein bösartiges Gerät, das auf mich zielte und mich zur Strecke gebracht hätte, wäre ich nicht auf der Hut gewesen. Davon war ich überzeugt. Doch kam ich noch einmal davon. Als ich vom Rennen erschöpft und schon wieder langsamer geworden die Siedlung erreichte, hockten die alten Nachbarn wie Elstern auf den Bänken. Ich humpelte, denn ich war auf eine Wespe getreten und hatte einen geschwollenen Fuß.

In Jena gab es zwar das Paradies, aber daß es so genannt wurde, hatte mir die Großmutter erzählt, und ich fürchtete, Pfandtner dort zu treffen. Ob die Saale auch dort abwärts floß? Im Spiel hatte ich Glück und war die schnellste, auch noch, als ich längst aufpaßte, daß die Großmutter mich nicht extra gewinnen ließ. Immer aber, wenn er nun bei den

Großeltern auftauchte, der Herr Pfändtner, fielen mir Augen und Mund ins Schloß. Er hatte den Blitz geschickt, als ich die Donnerkeile noch nicht gefunden hatte. Das machte ich mir zum Vorwurf. Und deshalb schämte ich mich. Deshalb auch starben in den Träumen immer mehr Bauern, auch wenn ich es zu verhindern versuchte. Von da an glaubte ich, daß Moll eine Tonart sei, die man sang, wenn es weh tat. Und daß ich mitsingen mußte, um nicht aufzufallen. ‚Abend ward, bald kommt die Nacht …' Aber wer kam mit ihr und wer blieb? Hinter den Büschen der Pflaumenallee konnte man sich gut verstecken, und man konnte einen anderen schon von weitem kommen sehen und sich rechtzeitig verdrücken.

Auf den Friedhof ging ich nachmittags. Meine Tante stand auf dem Grabstein unter der Urgroßmutter, und da war noch Platz darunter. Ich stellte mir vor, wer wohl zu meiner Tante passen würde. Und ob Pfändtner sie als kleines Mädchen auch zum Sport schicken wollte. Ob er damals schon eine Kamera besessen hatte. Und warum sie gestorben ist vor ihm. Wohin fließt die Saale in Halle?

Später konnte ich weinen. Als es vorbei war. Und der Wespenstich längst wieder abgeschwollen und nur noch wenig juckte. Dabei habe ich meine Tante gar nicht gekannt. Aber ich habe immer für zwei gespielt. Doppelkopf wurde mein heimliches Lieblingsspiel, weil man Stiche sammeln konnte und mit ihnen gewann. Wenn man verlor, hatte es nicht gereicht, und es gab eine neue Runde. Die Jenaer Großeltern konnten kein Doppelkopf. Vielleicht, weil man heiraten konnte darin. Und das lag hinter ihnen. Ein für alle Mal. Der erste fremde Stich geht mit. Ein Spiel lang.

Im Traum hatte ich Pfändtner einmal in die Schulter gebissen, weil er mich auf dem Treppenaufgang der Schule festhalten wollte und mir nichts Besseres einfiel, um an ihm vorbeizukommen. Zur Strafe mußte ich ihn heiraten, an Ort und Stelle, und er hielt mich an der Hand gefaßt wie in Eisen gezwungen, und ich mußte mit ihm gehen. In dem langen Gang der Schule hallten die Schritte, und jede Tür, an der wir vorbeischritten, wurde hinter uns geöffnet, und meine Mitschüler und die der höheren Klassenstufen, aber auch alle Lehrer strömten daraus hervor und schlossen sich dem Hochzeitszug an. Ich wachte auf, als er meine Hand so fest zusammendrückte, daß ich schreien mußte. In einem anderen Traum, Nächte später, hielt mich ein zerlumpter alter Mann an der Straßenbahnhaltestelle an, indem er einen Schritt auf mich zu machte. Ich zwang mich, ihm nicht auszuweichen, und blickte ihm ins Gesicht, da schnellte sein Arm hervor und mir entgegen, der nur ein blutiger Stumpf war. In diesem Moment erkannte ich ihn und wußte, daß ich aufwachen mußte, sonst würde etwas Schlimmeres passieren, und ich würde mich mit keiner Heirat mehr retten können. Ich wachte auf, meinen ersten Dienst als Wecker meisternd. Ich hatte bestanden und war ausgelöst.

Das Neubaugebiet in Jena wurde in den 80er Jahren noch erweitert. Es hat die Landschaft endgültig erobert. Sogar eine neue Turnhalle wurde gebaut. Ich bin, seit ich in Berlin wohne, nicht mehr dort gewesen, außer in Gedanken, hin und wieder. Und nun ist meine Großmutter gestorben. Gestern hat meine Mutter angerufen. Ich fahre morgen hin."

Markus hatte mir zugehört, ich hatte ihn völlig vergessen. Er schwieg vor sich hin, bevor es aus ihm herausplatzte. Warum ich ihm das erzählen würde, er sei nicht mein Therapeut. Kindheit kann man nur erzählen oder teilen, antwortete ich ihm und hätte fast wieder begonnen, denn meine Gedanken umkreisten immer noch Pfändtner, an den ich lange nicht mehr mit solcher Intensität gedacht hatte. Nach einer Weile meinte Markus, er könne mir die Bücher zeigen, in denen drinsteht, was ich da von mir geben würde. Und daß schließlich nichts weiter passiert sei. Eine ganz normale Kindheit, ziemlich langweilig, ereignislos. Und daß ich etwas verwechseln würde, typisch, ich sei eben Kind meiner Generation, die nahtlos von einer Gesellschaftsform in die andere übergetreten wäre, sozusagen durch die Hintertür. Er, er hätte sich noch abarbeiten müssen an den zugesperrten Eingängen, die immer nur auf ein Vorzimmer öffneten, in dem man bereits lächelnd von der nächsten Abordnung von Torhütern empfangen worden sei. Aber selbst das würde ich ja nur durch Zitate kennen, auch wenn sie mir flüssig über die Lippen kämen. Vom Knast wolle er gar nicht erst anfangen. Ich solle ihn verschonen mit meinen Lückenbüßern der Wirklichkeit. Was ich schon von eigenen Traumata wüßte, nichts. Ich habe ihn ungläubig angestarrt und habe das Zimmer verlassen, die Tür blieb sperrangelweit offen. Ich weiß nicht, ob er sie geschlossen hat, ich bin zur Beerdigung gefahren. Seither haben wir uns nicht mehr wiedergesehen.

Abschied vom Seitenflügel. Berlin

Sarah hätte nur den Himmel abzupausen brauchen, um ihrer Gemütsverfassung ein Bild zu geben. Höchstwahrscheinlich ging sie nur zu schnell. Maximilian war Architekt und hauptsächlich mit der Entwicklung von Geländern beschäftigt, auf denen sie vielleicht sogar balanciert hätte, wenn seine Hand nicht immerzu beschäftigt gewesen wäre, mit dem Bleistift einen Aufriß aufs Papier zu zeichnen. „Bedien dich. Du findest was du suchst im Schrank", hatte er ihr gesagt, als sie ihn das erste Mal zu Hause besuchte, eine Woche nach Silvester. Bei ihr hielt er sich von Anfang an öfter auf. In allen Zimmern. Anfangs irritierte ihn ihr „mitahmendes Wohnen", wie er es nannte, ihre Bücher, die überall da zu Horizontlinien anwuchsen, wo Ablagefläche war, ihre Wechselausstellungen an Kühlschrank und Wänden. Meistens Gruppenbilder, wo die umgedrehte Kamera am ausgestreckten Arm einfach auf die Gesichter abzielte und sie in Porträts einfing. Rhea, Lena, Natascha, Johanna … Meistens schräg, Haare, Schultern, Lachen angeschnitten. Zuviel Bedeutung, von der er sich ausgeschlossen fühlte. Zumal kein Bild von ihm hinzukam, obwohl er sich an manche Blitze erinnerte.

In seiner Wohnung sah alles anders aus. Nicht nur an der Wand. Bei ihm war jeder nur zu Gast, sogar er selbst wirkte plaziert an seinem lang ausgezogenen Tisch. Das auffälligste Möbelstück im Verhältnis von Proportion und Funktion war der Papierkorb, der paßte gefüllt kaum unter seinen Schreibtisch. Woher will er wissen, was ich suche, fragte sie sich und trat auf seinen Balkon. Dessen Geländer war gemauert, es gab Befestigungen für Balkonkästen, doch sie standen leer. Er meint es wohl ernst, dachte sie, wenn er gegen domestizierte Natur wettert. Nicht einmal Löwenzahn oder Quecken wuchsen in der Erde, die noch vom Vormieter stammen mußte oder von der vormaligen Freundin. „Hast du Lars gesehen?“ fragte sie nach drinnen. Der Himmel hatte sich zugezogen. Sie wartete ungeduldig. „Wir waren gestern abend etwas trinken, Lars hat ein Taxi genommen für den Nachhauseweg.“ „Ach so“, antwortete sie. Und sie dachte, das ist gar nicht seine Art. Er wandert doch immer. Wandern in der Stadt, nie wählt Lars den Mittelweg. Immer unterwegs, ohne im Anschluß in den Eckkneipen zu versacken. Anders als Maximilian, der ergreift sogar seine Espressotasse so zielsicher und stellt sie nach hastigen kurzen Zügen an den angestammten Platz zurück, als gäbe es eine magnetische Wechselwirkung, die des Blicks nicht bedarf. Und sie fragte sich, was ihn aus dem Gleichgewicht bringen könnte außer einem morschen Geländer. „Mister second“ hatte sie ihn einmal genannt, als er den Begrüßungskuß ermöglichte, ohne das Handy abzusetzen, während er weiter mit einem Kunden telefonierte. Wenn man nur eine Sekunde Zeit hat, klar daß einem da alles zu schnell geht, dachte sie. Und beschloß, ein anderes Mal wiederzukommen, wenn Empfangslöcher in der Atmosphäre sein Handy stillegen würden.

Raushalten. Das war Maximilians Strategie, Alltag und Arbeit zu trennen, zumindest wenn es darum ging, sie seinen Architektenfreunden vorzustellen. Sie streckte nur jeden Morgen ihren Kopf aus dem Fenster, um die Temperatur einzuschätzen, damit sie zu dem Himmel paßte, den sie innerlich gerade aufgetragen hatte. Raushalten. Ihr kam das irgendwie bekannt vor. Ungewollt. „Selbstentfremdete Arbeit“ hatte das jemand genannt. Sie aber wollte ein eigentliches Leben ausschließen, das außerhalb des täglichen, einen stattfinden sollte. Aber sie war auch nur Sekretärin und keine Katze mit einer breiteren Auswahl an Leben. Zwar hatte sie Kunstgeschichte und Philosophie studiert, aber das reichte nicht, daraus einen Beruf abzuleiten. Handwerklich war sie eher unbegabt. Nicht weil sie alles fallenließ, sondern weil sie nichts aus der Hand geben konnte. Schreiben konnte sie. Auch für andere. Aufträge erfüllen.

Hochkompatibel sein. Sich einfühlen in die Gegebenheiten. Das hätte sie in einem Bewerbungsgespräch zur Sprache bringen können. Aber sie mußte immerzu an Maximilian denken, und alles andere wurde unwichtig. Das fing auf der Treppe an und machte selbst auf dem Fußabtreter vor der Schwelle nicht halt. Vor keiner. Schließlich wohnte auch sie in einem Haus, zu dem es einen Plan gab, den Leute wie er sich ausgedacht hatten. Treppenlicht mit Minutenschaltung. Einen Hof mit fünf Sorten verschiedener Mülltonnen. Eine Kastanie. Ob die ihm eingefallen wäre? Sie bezweifelte es schon, da er sie nicht bemerkt hatte und nur irgendwas von Baum vorm Fenster faselte, der einem die Aussicht mit Sichtachse Fernsehturm nahm. Sichtachsen, die den Blick zu schnuren vermochten und keine Ablenkung ermöglichten, auf vielleicht eine Hand in der Luft, die auf halbem Wege zwischen Frage und Habacht stehengeblieben war und die nicht ausweichen konnte, unauffällig, zu einem Vierbeiner namens Winter. Schade, dachte sie. Ihr Mietvertrag sah Hunde und Katzen nicht vor. Gegen eine Benutzung der 80 qm allerdings von mehr als einer Person hätte auch die Wohnungsbaugesellschaft nichts einzuwenden gehabt. Sie hatte sich umgesehen und nach einem Mitbewohner gesucht. Der, den sie fand, besaß einen Hund. Maximilian auch, Winter. Kamen also beide nicht in Frage.

Maximilians Lieblingsthema waren Konstruktionsfehler. In ihrer Phantasie wußte sie nicht, was das bedeuten sollte.

Ihre Schreibmaschine funktionierte tadellos, beim Computer hatte sie weniger Einblick. Er übertrug dieses Konzept auf alle Phänomene. Konstruktionsfehler. Wie ein Sprung in der Platte, auf den alles zurücksprang. Selbst die zwischenmenschlichen Beziehungen waren deshalb nicht tragend, erklärte er, wenn mal wieder eine Ehe in seinem Freundeskreis in die Brüche gegangen war und er davon erzählte, als handelte es sich um eine Kaffeetasse, die den Polterabend überlebt hatte. Sarah ließ es sich gefallen, als ob es dazugehörte, sozusagen mitgeliefert wurde im Set, zum Architekten Marke Eigenbau. In Geschmacksfragen hatten sie allen Grund zu streiten, meistens aber hörte der auf der Zunge auf, wenn sie sich küßten. Ihren ersten Amaretto hatte Sarah im OXYMORON getrunken, im roten Samtsessel. Aber der war ihr erst hinterher aufgefallen, als Maximilian sich einmal despektierlich über die Inneneinrichtung ihrer Lieblingskneipe äußerte. Im OXYMORON war sie damals nicht allein. Lars begleitete sie. An einem dieser Abende ohne Stocken. Und sie überlegte gerade, ob sie diesen Sekretärinnenjob in Maximilians Büro annehmen sollte oder nicht. So hatte sie ihn kennengelernt. Lars kannte Maximilian, weil sie gemeinsam Doppelkopf spielten, und er versäumte es nicht, sie bei der nächsten sich bietenden Gelegenheit einander vorzustellen. Überschlug sie die Folgen, waren die Nächte daraufhin kürzer. Sie hätte wieder eine Stelle gehabt. Sarah fürchtete jedoch, daß es ihn irgendwann legitimiert hätte, mit ihr nur wie mit seiner Sekretärin umzugehen.

Mit der Schreibmaschine war sie aufgewachsen, und es war immer ihr Lieblingsgeräusch von Arbeit gewesen, das sie als Kind beruhigt einschlafen ließ, wenn der Vater spätabends noch an seiner Promotion tippte. Heute war er vermutlich arbeitslos, sie hielt den Kontakt zu ihm nicht aufrecht, seit er sich von ihrer Mutter getrennt hatte, ohne sich weiter um Mutter und Tochter zu kümmern. Gegen seine Arbeitslosigkeit half ihm weder der Doktor- noch der Vatertitel. Auf letzteren hätte Sarah ihm auch den Anspruch verweigert. Sie selbst hatte nur einmal eine Annonce in die Zeitung setzen müssen, als sie einen Raum für eine Party suchte. Die erschien in einer anderen Rubrik. Etwas Besseres wäre ihr auch nicht eingefallen. Kontakt-, Wiederbegegnungs- oder Suchanzeigen überließ sie anderen. Ein Photo vom 1. Mai, für das sie keine passende Erinnerung bereithielt, zeigte sie als siebenjähriges Kind mit Fähnchen, Halstuch und geöffnetem Mund. Das hing nicht an ihrer Wand. Maximilian würde ihr daran wahrscheinlich nur die wahnsinnig modernen, bautechnischen Vorzüge der Karl-Marx-Allee erläutert haben, stellte sie sich vor.

Nach dem ersten Mal war nichts von dem passiert, was sie erwartet hatte. Sie versprach, es sich zu überlegen, ob sie den Job annehmen würde. Er drängte sie nicht. Eine Rewind-Funktion gab scheinbar das Schrittmaß ihrer Beziehung an. Sie kamen immer an einen Punkt, meist früh am Morgen, in einem unbekannten Gebiet, von dem aus es sich leichter in Richtung siebten Himmel aufbrechen ließ. Aber beim nächsten Treffen fingen sie wieder von vorn an, und jeder Kuß wurde zum gewagten Manöver, das schon zum Kentern führen konnte, zu Rückzugs- und Untergangsvisionen. Unnahbar. Der Tisch zwischen ihnen ersetzte das Geländer, die Sicherheitszone. Zwar schrumpften die Nächte zu Stunden, wenn sie sich sahen und bei Wein oder Amaretto die Nachtbars der Gegend abklapperten. Aber die Stunden drohten, zu Wochen anzuwachsen, wenn er ein Bauprojekt zu beenden hatte. Der Schlaf, den er sich reichlich gönnte, war der Verhüter ihres Traums. Die Erinnerungslosigkeit am Morgen seiner Nächte tat ein übriges – sie kam nicht vor in seiner Welt. Außer wenn sie klingelte. Das war ihre Initiative, sogar wochentags. „Wollen wir frühstücken gehen?“ „Komm rauf.“ Aber die Zeit, die sie brauchte, seine halben Treppen aus zehn mal zehn Stufen hinaufzusteigen, hatte einem Kunden gereicht, seine Telefonnummer zu wählen, so daß er bereits mit seinem Bleistift das Gespräch zu stenographieren schien. Maximilian zuckte mit den Schultern. Wahrscheinlich vergaßen ihre Augenbrauen zu antworten. Die Espressotasse stand am richtigen Ort, bereits geleert. Übrigblieben angehaltene Bilder von gekritzelten Gesichtern mit langen Nasen. Und die Finger waren zu müde, daraus wenigstens ein Daumenkino zu zaubern, mit wechselnden Gesichtsausdrücken.

Mit Lars war es anders gewesen. Etwa wie in Zeitlupe verliebt sein. So daß man nie sicher war, ob man wirklich verliebt war, ihre Standbilder sahen wie Erinnerungsphotos an eine glücklich vergangene Zeit aus. Die Hände außerhalb des photographierten Ausschnitts – nicht aber auf Abstand, sondern unter der Zeitlupe, dem Vergrößerungsglas. Ganz klar und einfach. Sarah mußte an die Weltraumbilder Juri Gagarins denken, und daß man die Luft ja nicht zwingen könne zu mehr Widerstand.

Wer sagt, daß schneller auch einfacher ist? Schneller ist schneller vorbei. In erster Linie. Und was folgte einem Aufriß auf dem Skizzenblatt. Einen Abreißkalender lang wollte sie sich Zeit lassen zu entscheiden, was das Jahr ihr bringen würde. Den hatte ihr Lars, der Journalist war, aus Beirut mitgebracht. Und sie konnte nicht anders, als ihn zu verwenden. Auch er hatte einen solchen in seinem Büroschaufenster stehen, als Festinstallation. Immer, wenn er seine Recherchen unternahm, hinkten seine Tage hinterher, so daß sie manchmal über einen Vorsprung von einigen Wochen verfügte, den sie bedauerte. Dabei hätten nicht einmal die Jahreszeiten ausgereicht, ihren Zyklus wirklich zu beschließen. Wenigstens gab es nur vier. An die konnte man sich gewöhnen.

Während die Mode Sarah schon wieder um einiges voraus war. Immerhin, der Abstand der Anlehnungen wurde kürzer; manchmal fühlte sogar sie sich schon an ihre Jugend erinnert, woraus sie schlußfolgerte, daß diese endgültig hinter ihr lag. Irgendwie schienen sogar die Katastrophen schon bekannt. Im privaten Bereich konnte sie dieses Wort ohne viel Federlesens über die Lippen bringen. Als ob sie es aufbrauchen könnte und somit gefeit sei. Maximilian hatte einmal ihren Lippenstift so bezeichnet: eine Katastrophe. Das fand sie übertrieben und gab ihm daraufhin einen Kuß. Der Lippenstift hielt sich. Bis zum Abend. An dem ging sie zu ihrer Freundin Rhea, obgleich diese Besseres verdient hatte, als sich Katergeschichten anzuhören.

In Argentinien hatte man immer gelbe Flecken auf den Windschutzscheiben, erzählte der Film. Es waren die Zitronenfalter, die nicht rechtzeitig bremsen konnten. Und wenn man anhielt, um sie zu retten, waren sie bereits tot. In Sarahs Traum hatte ein Schwarzer gesagt, sie solle lieber einen Text schreiben mit dem Titel „Auf der Ebene der Brunnen“, statt sich noch länger für Snowboards zu interessieren, auch der Schnee sei bereits weiß gefärbt. Der Schwarze ließ sie nicht zu Wort kommen, zückte sein Handy, hielt es ihr, als es ein Tonsignal von sich gab, kurz ans Ohr und wandte sich ab.

Erste Anzeichen: Mißverständnisse, die verbal nicht auszuräumen waren. Das mußte sie verhindern. Ob aufwachen schon reichte? Manchmal duckte sie sich rechtzeitig vor dem Blick weg, der sich beschweren kam. Aber es war nicht Maximilians, zumindest diesmal nicht, sondern Rheas, weil sie schon wieder das Sofa stundenlang wie ein Rettungsboot besetzt hielt, obwohl der Tatort längst vorüber war. Am Nachmittag waren sie ins Kino gegangen, „Un día de suerte“, „Ein Glückstag“. Der Titel hatte sie angelockt, wenn sich schon anders das Glück nicht zwingen ließ. Wie konnte sie den verpassen? Argentinien hatte sie verpaßt. Maximilian wollte seinen Urlaub ausfallen lassen, da er bei einem namhaften Architekten am Bau einer Kunsthalle mitarbeiten konnte, und so war sie allein nach Paris gefahren, weil ihr so schnell nichts Besseres eingefallen war. Rhea bekam eine Postkarte. Als einzige. Aber Rhea wäre auch die richtige Zeugin im Tatort gewesen, da sie alles registrierte. Rhea hatte Maximilian nur ein einziges Mal getroffen. Aber sie wußte sofort, was von ihm zu halten war. Das hatte Rhea ihr voraus. Vorwärts, rückwärts, egal, denn sie wußte wieder nicht weiter und hatte den Tag verschenkt, als ob ihr nichts dazu einfallen würde. Es gab keinen Ausgang. Sarah überlegte, ob sie trotzdem das Kalenderblatt abreißen dürfe oder ob sie dem Tag die Chance ließe, sich zu wiederholen.

Am liebsten waren ihr immer noch die Stühle, wo man nach Belieben die Beine baumeln lassen konnte. Bei Rhea gab es Barhocker. Da fühlte sie sich immer auf der Höhe. Und wenn doch einmal der Fünfminutennachhauseweg zuviel war und der Montag schon angefangen hatte, ohne auf sie zu warten, konnte sie selbst auf Rheas Sofa noch ihrem Schlaf nachhängen wie einer vergangenen Liebe. Das war das Schöne an Rhea. Auch wenn es keinen Grund gab, am Sonntag zu heulen. Es machte einfach nichts, wenn man es trotzdem tat. Und Rhea fragte nur nach, wenn es sich auch erzählen ließ.

Immer, wenn sie Treppen zu Rhea hochstieg, dachte sie an die einzige Begegnung von Rhea und Maximilian. „Die müßten alle mal saniert werden", hatte er schon im Treppenhaus in abschätzigem Ton gesagt. Rhea wohnte wie alle ihre Freundinnen in einer Altbauwohnung im obersten Stockwerk. Wahrscheinlich waren die Stufen der kleinere Grund seiner Verärgerung, der eigentliche war, daß er keine Lust hatte, sich in ihr Leben zu mischen und Schnittmengen zu bilden aus gemeinsamen Bekannten. Wahrscheinlich wäre es ihm lieber gewesen, Lars hätte sie beide einander nie vorgestellt, dann wären die Tassen im Schrank geblieben und niemand hätte diesen Wirbelwind mit seinen Betten und Gardinen veranstalten können wie ich, dachte sie. Sarah freute sich auf den kleinen Katzenkopf, der in den Putz gekratzt war, unmittelbar bevor man auf den letzten Treppenabsatz zu Rheas Wohnung einbog. „Das ist der größte Duschbeckentyp, den es gibt", war Maximilian sofort aufgefallen, als er fachmännisch alle Zimmer der Wohnung begutachtete, ohne Rhea nur die geringste Aufmerksamkeit zu spendieren, als sie ihn fragte, ob er Kaffee oder Tee wolle. „Kaffee schwarz", antwortete Sarah an seiner statt, „aber laß ihn stehen, er wird ihn nehmen und auf den

Balkon gehen." „Bei Regen?" meinte Rhea. „Na, du mußt es wissen. Bist du nun doch seine Sekretärin? Ich hatte mir eine Begegnung anders vorgestellt. Aber vielleicht kann er ja erklären, wieso man mir statt einer Badewanne eine Spiegelfront mit zwei Waschbecken und Marmorablage installiert hat", und später: „Vergiß es. Der bringt kein Wir zustande." Sie hatte schon bemerkt, wie unruhig ihre Freundin in den letzten Wochen geworden war. Sarahs Theorien in den Tatorten bezichtigten mittlerweile regelmäßig den Falschen des Verbrechens, mit Vorliebe die Art-Direktoren und Werbe-Leute, deren soziale Ader sich auf Rassehaustiere beschränkte, ihr Mitleid hingegen galt all jenen, die an ihrem Glück herumdokterten wie ungelernte Handwerker.

Mit Rhea konnte man einfach die beste Rosenkohlsuppe essen. Das war kein Trost, sondern Fakt. Nebenbei zum Tatort, egal wie der Tag verlaufen war. „From Monday to Friday we are satisfied and on Sunday we cry." Nur wußte der Sonntagabend noch nichts vom Montag und seiner Erträglichkeit. Das vielleicht war Rheas Problem, das einzige. Da half es auch nichts, die „dünnen Fäuste wie Antennen in den Himmel zu recken", manchmal passend zur Musik. Ansonsten hatte Rhea genug Ideen, die Tage von sich zu überzeugen. Sie arbeitete in einer kleinen Werbefirma in Mitte, ohne daß sie Ähnlichkeiten mit dem allgemeinen Phänotyp der Branche hatte. Rhea war wie der Katzenkopf in der Wand vom Treppenflur, immer da, wenn man schon fast nicht mehr weitersteigen konnte. Rhea war skeptisch nüchtern. Und immer wenn Sarah dann endlich der Stein vom Herzen fiel, konnte sie sicher sein, daß Rhea ihr auch noch zeigte, wie man damit Weitwurf trainierte, denn sie ging zweimal die Woche ins Fitneßstudio. Wo der Stein landen würde, war Ruhe, soviel wußte Sarah bereits.

Maximilian hatte sich schon drei Wochen nicht mehr gemeldet. Nach nur sechs Wochen Bekanntschaft. Sie träumte. Verbarg, daß sie kleiner war, als ihre Bettdecke erlaubte. Sie versank in einem zu großen Schiff auf einem zu großen Meer am Grunde der Brunnen. So großen Durst hat keiner, daß er mich finden kann, dachte sie und beargwöhnte den Regen. Schwer geworden. Zu leicht befunden. Aufgesogen. Es war bereits die Zeit der pathetischen Frühlingsgewitter, die immer so klangen, als meinten sie es persönlich. Sollte sie leben hinter geschlossenen Fenstern? Sie vertröstete sich auf morgen und den Abschied von gestern. „Wer sich Mühe gibt, hat Glück gehabt", hatte ein Autor einmal dunkel formuliert, und sie fühlte sich ertappt.

Einmal, ganz am Anfang, hatte Maximilian ihr Blumen gebracht, Tulpen, Freesien und Narzissen, die waren so arrangiert, daß sie in Schnittlänge, Farbnuancen, Artenzugehörigkeit an keinen Platz ihrer Wohnung paßten. Er hat sie ihr auch nicht eigentlich geschenkt. Nur gesagt: „Hier, stell die mal ins Wasser." Und dann hatte er sie nicht wieder mitgenommen. Sarah stellte den Strauß auf den

Boden. Später renkten sich die Tulpen dem Fußboden entgegen, und sie wartete mit Neugier auf ihre Fortbewegung. Die würde zu ihm passen. Die Flucht. Sie hingegen hatte sich das Da-Sein ausgesucht. So wie Lars, der immer in seinem Büro anzutreffen war, wenn er an seinen langen Reportagen schrieb. Aber er klingelte selten bei ihr, seitdem sie Maximilian getroffen hatte. Und seither aus der Gegensprechanlage die immer gleiche erstaunte Hebung zum Ende der Begrüßung: Du bist es, Sarah?, wenn sie ihn aufsuchte. Die hatte ihr gefallen. Als ob er sich nicht gewöhnen könnte. An das Klingeln. An den Durst. Er hatte immer Wodka da, Grasovka, den polnischen, wegen des besonderen Aromas. Dazu Apfelsaft, selbst hergestellten und mobile Bars. Sie mochte Amaretto lieber. Ohne je über den Rausch hinauszukommen, der besonnen war, mit ihm. Und solange sie bei ihm saß, blieb der Kalender nur auf Rufbereitschaft.

Diesmal erzählte sie ihm von Rhea anstatt von Maximilian und kehrte damit ihrem Wunsch den Rücken. Aber nur, um erneut einen Pfennig über die Schulter in den Brunnen zu werfen. Das Problem dabei war, daß sie ungeduldig sofort nachsehen mußte, ob die Austreibung des Wunsches aus dem Märchen bereits begann, sobald der Pfennig den Grund erreichte. Orpheus. Oder Tristan. Lars sprach irgendwas von Wolken und Hinterhof. Die Schneelaune verspielen. Den Frühling an den Haaren packen, bis ihm

Hören und Sehen vergeht und er alle Zitronenfalter losläßt ins Jahr. Ein gelbes Jahr. Und kein Tag weniger als 365. Versprach er das? Er ließ Rhea grüßen, ohne sie zu kennen.

Maximilian hat immer versprochen, einmal mit mir im Fesselballon von Sat1 über dem Potsdamer Platz zu fliegen. Jetzt weiß ich, was er meinte, eine Luftnummer, dachte sie, und wie anders Lars war. Maximilian hatte sich mit ihr getarnt gefühlt. Immer wenn sie sein schwarzes Erscheinungsbild in Jackett und dunkler Jeans durch das Tapetenmuster ihres Mantels aufmischte. Am Anfang hatte er sich auch bemüht, ihr den Sturmschritt abzugewöhnen und war betont gelassen durch den Volkspark Friedrichshain geschlendert, Winter, lief immer frei herum und kam nur, wenn man ihn rief. Immerhin.

Er hat mich nicht übers Herz gebracht. Das ist eine Schwelle zu hoch für ihn, dachte Sarah, als sie, endlich entschlossen, die Jobangebote in der neuen *Zitty* überflog. Vielleicht sollte ich mir in Zukunft eine Handtasche zulegen. Um im richtigen Moment etwas zum Herumkramen zu haben.

Maximilian hatte das Handy Sarah schon am ersten Abend überlassen, damit sie ihn anrufen könne, wenn sie sich entschieden hätte für den Job, seine Nummer sei gespeichert, es sei sein altes. Sie mißbrauchte selbst das noch zum Gedichteschreiben, wie er bald darauf resigniert feststellte. Antwort erhielt sie selten, er hatte es aufgegeben, aber

Hauptsätze waren auch nicht ihre Stärke. Wenn sie an ihn dachte, dann verknoteten sich die Wörter mit den Gefühlen, und er hatte keine Geduld. Die Nerven mußten ein Gewebe besonderer Konsistenz sein, selbst mit Fingerspitzen berührt drohte schon Korrosion und Zersetzung. Was die Musik betraf, waren sie durch mehrere Schallmauern voneinander entfernt gewesen. Das merkte man schon den Klingeltönen ihrer Handys an. Obwohl es egal war. Ihres hatte nur geklingelt, wenn er doch einmal vergessen hatte, daß es keinen Grund gab, sie anzurufen.

Er war da aufgewachsen, wo man Geschenkpapier nicht sorgfältig zusammenfaltete, um es wiederzuverwenden, und wo die Bänder zerschnitten in den Papierkorb wanderten. Scheren besaß er in klein und groß. Sie hatte als Kind sogar einmal Geschenkpapier selbstgebastelt. Damit man erkennen könne, daß es auch ein Geschenk sei und kein Konsum-Nahrungsmittel, hatte sie damals den Eltern erklärt und nach Transparentpapier und Wasserfarben verlangt.

Eine Handtasche. Zum Beispiel. Ein erster Schritt.

Rhea hatte ihr von den Elstern erzählt: „One for sorrow – two for joy – three a girl – and four a boy“. Sarah kamen sie immer nur einzeln ins Blickfeld, Kummer und Kummer und Kummer und Kummer. Was soll das für ein Kind werden, fragte sie sich, und vergaß zu addieren. Wahrscheinlich reichte es, daß ihre Hinterhofelstern kein Englisch verstanden, aber ihre Beunruhigung ließ nicht nach.

Ist Naseweisen schon ankreiden? Sarahs Stimme hatte in letzter Zeit das Hoch gefehlt, so daß sie am Telefon sogar einmal für einen Mann gehalten wurde. Manchmal vermutete sie, daß Maximilian hingegen eine innere Souffleuse besaß, die sehr alt war, so lange stand sie schon in seinen Diensten. Im Bauch saß sie ganz sicher nicht. Wenn sie müde war, verstand er sie nicht. Herzensangelegenheiten waren nicht ihr Ressort, da schwieg sie still und er, er gab ihr keinen Anlaß für ein Stichwort. Zu 80 Prozent besteht er aus innerem Monolog. Der Rest ist Schweigen, dachte Sarah. Am Frühstückstisch. Bei der Wettervorhersage. Dem Tatortsonntagabend. Den sie aus Sentimentalität einmal mit ihm verbracht hatte. Aber er regte sich nur über die Konstruktion des Plots auf. Nur die Ankündigungsmelodie mochte er, die schon seit den 70er Jahren die gleiche geblieben war. Seine Sendung war die Tagesschau. Meistens galt es danach, schneller zu sein, einen Aufriß zu machen und die eingeschränkte Zentralperspektive des Privatlebens zu verlassen. Die im Ziel als erste ankommen, sind meistens allein, dachte sie. Er verstand sie nicht.

Er hat ebenfalls nie verstanden, daß sie auch ihre Vorsätze wechseln konnte, alle paar Wochen. Dabei hatten sie bereits Silvester gemeinsam verbracht. Wie man rutscht, so liegt man. Dann kam der Januar und mit ihm die Frage des Materials. Natürlich auch der Fähigkeit, sich auf den Beinen zu halten. Die Welt stockte. Und Sarah kam sich vor, als ob sie eine Prüfung hinter sich gebracht habe wie ein Stück beschriebenes Papier, das sie nun nicht mehr benutzen würde, nicht einmal als Schmierzettel, rückseitig. In seinem Papierkorb war dafür kein Platz mehr. Einmal hatte sie Briefe darin gesehen. Ihre eigenen. Sie wußte, daß er niemanden angestellt hatte, der bei ihm aufräumte.

Das erwartete Beben blieb aus. Statt dessen ein gleichmäßiges Schwanken vom Flur in den Hausflur und der Traum ein Wiedergeben von Eindrücken. Rührt euch! Endlich bin ich den Henkel los, mit dem nichts zu halten war, dachte sie noch und entschied sich. Maximilian hatte einen Freischwinger nach Mies van der Rohe in seinem Büro stehen, das war wohl schon ziemlich gewagt für seinen Stil der Stützen und Pfeiler. Komisch eigentlich, daß er sich so ungern anschnallt beim Autofahren, dachte sie, aber sie schob es auf die Geschwindigkeit und darauf, daß sowieso immer Ampeln kamen vor jeder Beschleunigung, anders als in South Dakota.

Nach sechs Wochen, die der Abreißkalender unbestechlich verkündete, gab sie auf. Sie packte ein Paket, auf dem sie ihn mit richtigem bürgerlichen Namen anschrieb, sogar der Name seines Büros war vermerkt. Darin schickte sie ihm den Architektenführer zurück, dessen Auflage bereits veraltet war. Sie hatte sich das Buch ausgeliehen, weil ihr Haus darin aufgeführt wurde. Ein Gebäude von ihm wäre nicht zu erwarten. Auch keine Neuauflage. Keine Mezzaninwohnung. Keine Verzweiflungstat, dem Himmel zu nahe gekommen zu sein, was bereits andere Engel zu Fall gebracht hatte. Sarah beschloß, seinem Geländer zu mißtrauen. Die Statik ging nicht auf in ihrer Rechnung.

„Ich weiß nicht, wo dein Problem liegt. Du bist am glücklichsten, wenn du mit deinen Freundinnen telefonierst, Rhea, Johanna, oder wie sie alle heißen", sagte er ihr in einem Gespräch, das sie nach vier Wochen ertrotzt hatte. Sie sagte ihm nicht, daß es vielleicht daran lag, daß diese auch zurückriefen nach einer Nachricht. Mit ihm klang jedes Gespräch wie ein *long-distance call*, mindestens einmal in die Fremdsprache übersetzt und zurück. Erst über mehrere Ecken bekam sie heraus, daß er keine Zeit hatte. Nur sein Name, mit dem er jenen Anruf entgegennahm, widersetzte sich der Einsilbigkeit seiner Antworten. Hätte es nicht bereits genug Wartehäuschen an Bus und Bahn in Berlin gegeben – selbst an den ungemütlichsten Ecken, da, wo man auf keinen Fall warten wollte –, er hätte jede Ausschreibung zu diesem Thema gewonnen. Sie hätte ein ideales Anschauungsobjekt abgegeben. Vielleicht hätte er ihr Photo im Profil, als Schattenriß aufgeklebt, so wie diese schwarzen Vogelsilhouetten zum Abhalten von der Scheibe, das Gehirn vor der Erschütterung zu retten oder die Haut. Schade, daß aus dem Mund-zu-Mund-Atmen immer ein Kopf-an-Kopf-Rennen wird, dachte sie. Wahrscheinlich nimmt er mich auch zur Grundlage der Berechnung des Pfeilerabstands seiner Geländer. Und zum Übersetzen der Gebrauchsanleitung für ein Leben in Sicherheit fragt er mich nach meinen Lebensgewohnheiten aus. Wahrscheinlich hat er noch nie einen Schlüssel zu seiner Tür aus der Hand gegeben. Außer für die Küche. Er kocht nicht, ißt immer außerhalb und kann sich nicht erinnern, wann er das letzte Mal allein gegessen hat. Das sollte reichen. An Mühe.

Sarah hatte geträumt, Maximilian käme sie besuchen, und sie zeige ihm die neuen Bilder, die wie ein Triptychon mit Kreuz in der Mitte an der Wand hingen. Es waren Bilder, auf denen zum ersten Mal auch er auftauchte. Gemeinsam mit ihr. Auf dem Kreuz waren zwei Daten zu lesen, das ihrer ersten Begegnung und das des aktuellen Tages. Er stand wortlos davor und wartete auf eine Erklärung. Und sie setzte triumphierend an: „Ich habe sie begraben, unsere Liebe, siehst du?“ und kam sich wie eine Fremdenführerin dabei vor. Fehlt nur noch, daß er seinen Photoapparat zückt und ein Erinnerungsphoto macht, wie zu Silvester, dachte sie weiter und erschrak. Von diesem hatte sie nie einen Abzug gesehen. Vielleicht war es besser so. „Auf das doppelte Du. Zum Neutralisieren“, wie er lachend gemeint hatte. „Auf dich“, hatte sie damals geantwortet und „Maximilian“ hinzugefügt, den Namen kostend wie frisches Brot, das den ganzen Weg über vom Bäcker zurück nach Hause durch alle Papier- und Stoffschichten hindurch seinen Geruch vorausschickte. Irgendwann war es dann altbacken und trocken geworden. Daran änderte auch nichts, daß sie sich mittlerweile umgedreht hatte und ihr Bett in der anderen Richtung beschlief. Sie hatte nicht geträumt in der ersten Nacht bei ihm, und dies war eine von vielen Nächten im eigenen Bett, die vor ihr lag, so daß der Traum keine Erfüllung mehr garantieren konnte. Wunschlos glücklich zu sein, hatte Maximilian ihr manchmal vorgeworfen, aus Mangel an eigenen Einfällen. Er hat ausgewünscht, dachte sie und entschied sich, Rhea zu besuchen. Sie nahm den Weg über die Tür.

Rhea kochte gerade, nebenbei rauchend. Im Fernsehen lief Werbung, und Sarah kam sich auf einmal vor wie auf der Anhöhe der Zeit, hinter sich die Vergangenheit und vor sich den weiten Weg in die Ebene. Maximilian hatte immer zu führen versucht beim Tanzen, sie hatte ihm die Figuren einer Geschichte überlassen, für deren Verlauf er verantwortlich war. Diese Geschichte als Fortsetzungsgeschichte zu erzählen war die ganze Kunst dabei. Sie hatte ihm nicht zu sagen brauchen, daß allein der Horizont für die Größe der Welt die Verantwortung trug, in der die Figuren auftauchten. Als sie darüber nachdachte, fiel ihr beinahe kein Grund mehr ein, in der Großstadt zu wohnen. Rhea protestierte: sie war aus einem kleinen thüringischen Dorf und vor zwei Jahren nach Berlin gekommen. Sie hatte nicht viel übrig für sentimentale, nicht ortsgemäße Gesten. Die Blumenkästen auf ihrem Balkon waren üppig besät, ohne daß sie Natur ersetzen mußten. Und wenn die Vergißmeinnicht im Frühjahr nur noch ihre abgeblühten Giraffenhälse in die Höhe strecken, wurden sie durch einen Sommerblüher ersetzt. Die Wandern-in-der-Stadt-Idee hätte von ihr stammen können. Sarah wußte, daß Rhea und Lars sich früher oder später begegnen würden. Und alles Weitere würde sie ihnen überlassen. Den sicheren Händen. Da konnte man noch nicht einmal von Geschenk sprechen. Dachte sie an die mittelalterliche Gabelogik, so wußte sie nicht, welchen Abhängigkeiten sie Folge leistete. Dabei ging es längst nicht mehr um sie.

Sie ahnte, daß Oberflächlichkeit auch ein Stärke war, die sie nicht besaß. Im Wasser ist ein Kilo Blei eben doch schwerer als ein Kilo Federn. Sie besaß einen harten Kern, dessen Material sich nicht bestimmen ließ, aber zum Auftrieb reichte es kaum. Das hatte sie probehalber schon mehrfach festgestellt.

Sarah rief Lars in einem Anfall von Übermut an und fragte, ob er heute abend schon etwas vorhätte. Er müsse unbedingt kommen. Es gäbe etwas zu feiern, und sie träfen sich bei Rhea; sie nannte die Adresse. Er meinte, außer seiner Stimme sei noch nichts belegt. Sie fragte nicht nach. Daß sie auch an Amaretto dachte und ihre Angst als Kind, sich an den wohlschmeckenden Apfelkernen zu vergiften, ohne daß sie deswegen aufhörte, sie zu zerbeißen, sagte sie nicht.

Lars war zum Einsilber geworden, seit sie ihm von dem Silvester mit Maximilian erzählt hatte. Vielleicht ließe sich das ändern. Aber bevor es zu dem Abend zu dritt kommen konnte, mußte Sarah noch etwas erledigen. Sie verabschiedete sich kurz von Rhea.

Sarah zählte die Treppen beim Hochgehen. Ein letztes Mal. Um sich zu konzentrieren. „Hier. Zum Neuen Jahr. Bevor es alt aussieht", sagte sie und hielt Maximilian ein Photo hin. Der war überrascht, sie wußte nicht zu sagen, ob von ihrem unvermuteten Auftauchen oder dem Photo. „Erkennst du es?" „Klar. Dein Zimmer mit Aussicht. Aber ziemlich verschwommen. Außerdem ist bereits Mitte Februar", hatte er geantwortet und das Photo beiseitegelegt. „Eben. Das sind die Eisblumen, als sie noch nicht geschmolzen waren. An jenem Tag war meine Heizung ausgefallen. Erinnerst du dich? Du bist gekommen, und ich stand am Fenster." „Auf dem Photo sind wir aber nicht zu sehen", sagte er noch. „Eben." Es wäre ihm nicht eingefallen, was an jenem Tag noch passiert war, seine Gedächtnisorte waren trainiert auf Belegung, Wechsel und Neubelegung. „Kommst du mit, ich muß mit Winter eine Runde gehen." Er hatte die Leine von dem Haken neben der Tür genommen, während der Hund laut bellend an seinen Beinen hochsprang, und so ihr „Nein" verpaßt. Eine andere Memorykarte würde sie nicht aufdecken. Und er hatte aufgehört, Paare zu suchen, und sammelte Unikate. Sie hatte sich gefreut, daß laut der Statistik der kälteste Tag des Jahres schon hinter ihr lag und nicht einmal Spuren im Schnee davon gezeugt hatten. Als Maximilian nach seinem Spaziergang mit Winter zurückkam, war sie verschwunden. Er entdeckte erst später den Brief und die Aufforderung, gelegentlich seinen Papierkorb zu leeren.

„Endlich!“ erzählte sie Rhea. „Jetzt ist er endlich ein freier Fall. Fast wie Lars“, sagte sie und kicherte. „Der ist es per Berufsbezeichnung. ‚Investigativen Journalismus‘ nennt man, was er da treibt. Aber ob er wirklich glaubt, Amerika noch entdecken zu können? Daß Maximilian und Lars sich kennen, verstehe ich immer noch nicht. Maximilian könnte doch fast schon sein Thema sein …“ „Glückwunsch“, meinte Rhea, „wenn du einen Auftrag über ein Wohnungskonzept mit Gäste- und Kinderzimmern, Bibliothek und Terrasse auszuschreiben hast, kannst du dich ja erneut an ihn wenden“, und sie erledigte das Thema, als habe Sarah das Golden Goal geschossen, nach dem das Spiel endlich abgepfiffen werden kann. Es wird ihn vielleicht ärgern, aber er hat seinen Heimvorteil verspielt, dachte Sarah und erwiderte: „Gut. Aber nur, wenn du dann meine Hochzeitsanzeige gestaltest!“ „Klar. Auf die hohen Zeiten, die kommen werden.“

Als es klingelte, fiel ihr Lars wieder ein und daß sie sich besser verabschieden würde demnächst, mit dem seltenen Gefühl einer glatten Fügung. Sie öffnete die Tür und wies nach hinten: „Darf ich vorstellen …“

Von Postkarten und Briefen. New York

Tom und Nadja waren in Urlaub gefahren, nach Amerika, als ob das helfen könnte. Doch von Gangstern und Cowboys weit und breit keine Spur, auch nicht in Texas. Die einfache Vergangenheit hatten sie hinter sich gebracht wie eine Prüfung, die man vergißt, sobald sie vorbei ist. Sie hatten manchmal noch die roten Flecken am Hals, zu denen man sich die Ausrede zurechtlegt, mit Unbehagen. Es lag an der Haut, die hielten sie sich hin – als sei sie entweder les- oder eßbar. Als es nicht mehr funktionierte, gaben sie auf. Krieg, wenn man sich nach ihm sehnt und nicht nur im Traum, ist Pubertät. Dabei hatten sie gerade zum ersten Mal in Ohio ein Verkehrsschild passiert, das verkündete: „Buckle up for the next million miles". Und Nadja war wütend, wahrscheinlich nicht nur über die Amerikaner, die so sozial waren, daß sie sogar einen Highway adoptierten. Dann säuberten sie ihn die zwei Meilen lang, für die sie laut Vertrag zuständig waren, von Müll. Tom und Nadja hatten genug mit sich selbst zu tun, statt anderen Leuten ihren Dreck hinterherzuräumen.

Nadja war länger in den Staaten geblieben, als ihr Flugticket es ursprünglich vorsah. Tom hatte sich indessen längst wieder seinen Sicherheitsgurt Arbeit umgeschnallt ums Leben, um nicht abzustürzen mit ihr, an unbekanntem Ort, stellte sie sich vor. Sie hatte sich vorgenommen, erst abzureisen, wenn sie wußte, warum sie nach Berlin zurückkehrte.

Nadja hatte Carl getroffen, gleich nach ihrer Ankunft in New York, als sie ihm im FERRARA CAFÉ ihren Platz anbot, da er so gebrechlich aussah, er war doppelt so alt wie die meisten anderen Gäste. Nadja hatte gerade gehen wollen. Doch Carl setzte sich nicht, weil sie ihren Kaffee noch nicht ausgetrunken hatte. Sie begannen zu reden, beide im Stehen, bis die Kellnerin auf sie zukam und sie aufforderte, sich endlich zu entscheiden.

1. Postkarte

Lieber Tom,
bin in New York. Und schreibe Postkarten. Lerne Chinesisch, in Gedanken, damit ich sie mit Stäbchen anpacken kann und nicht zaudern muß, wenn sie noch zucken und zappeln. Ins Gesicht geschrieben steht dir eine Wimper, die Haare gehen dir aus, als ob sie schon frei hätten. Ärgerst du dich jetzt? Du sollst dich nicht ärgern. Du bist so nachlässig

ungenau geworden im Fühlen. Wäschst deine Gardinen einmal alle zwei Jahre mit der Begründung, daß sie nur unbenutzt dahängen, da du sie nie zuziehst, und du wunderst dich, wenn die Nachbarn dir reingucken. Ich bin nicht dein Nachbar. Auch wenn ich deine Schritte erkenne, wenn sie über den Hof kommen. Aber an das Gefühl dabei erinnere ich mich kaum. „Wer durch mein Leben will, muß durch mein Zimmer", schrieb einer, der mittlerweile auch schon tot ist. Tot wie meine Großmutter. Mein Totem ist der Hase, die fruchtbare Variante des Hakens. Ich schicke die Postkarten nicht ab, keine Angst. Du weißt nichts davon. Solltest du es ahnen? Meist ist es ein trauriger Anblick, den die Fensterscheiben bieten und den selbst das Milchglas nicht in Unkenntlichkeit auflöst. N.

Jeden Tag ging Carl ins FERRARA CAFÉ. Es war eine seiner Handlungen, die ihm den Tag an die Leine legten, so daß er mit ihm umgehen konnte. Die Kellnerin wußte, was er nahm, *coffee regular* und ein Croissant. Er setzte sich an den hintersten Tisch in der Reihe, wenn er frei war. Die Trucks Andy Warhols hingen über ihm an den Wänden, billige Reproduktionen, doch sie entführten ihn weder auf die ‚Country Roads' West Virginias noch nach Rouen. Er würde gewiß niemals die Kathedrale im Abendlicht sehen, bisher hatte er es nicht einmal über die Nachbarstaaten hinaus geschafft. Dafür war er zu müde, er war dankbar, daß er alle Lichtstimmungen auf einmal hatte, festgehalten hinter Glas, und nicht selbst fahren mußte. Bevor er ging, kaufte er immer ein Wasser. Er gab nie Trinkgeld in die Schale, die vor der Kasse stand. Die Kellnerinnen, er kannte sie alle, waren dennoch freundlich, manchmal bekam er ein Stück Cheesecake gratis, wenn er später kam. Eins, das keine Chance mehr hatte, einen Touristen zu finden, der sich vom ‚New York style' verführen ließe. Wenn er dann an der Kasse hinter einer Frau stand, die eine Tasche mit Blumen trug, sprach er sie an. Und er erzählte aufgeregt, daß er vor 24 Jahren, als er noch jung war, nicht in den Rainbow Room im Rockefeller Center reingelassen wurde, weil er keine ordentliche Jacke anhatte, aber mit ihr würde er es gern noch einmal versuchen. Sie fragte nicht nach und glaubte wohl, ihm helfen zu können, wenn sie ihn begleitete. Unterwegs zappelten seine Hände unruhig zwischen Luft und Hosentasche herum. Sie fragte ihn, als was er arbeite, und da er schwieg, erzählte sie ihm, daß sie Schuhverkäuferin sei und unterwegs, bei Freunden zu Abend zu essen. Carl ergriff kurz ihren Arm, ließ ihn aber sofort wieder los, und vor dem Rockefeller Center wandte er sich so abrupt ab und erzählte einer Polizistin, die am Eingang wartete, daß dieser Buick sein erstes Auto war, damals vor 38 Jahren. Und er zeigte auf das Modell aus Pappmaché, das vor ihm stand. Die Polizistin lachte, routiniert mit derartigen Kommentaren, als handle es sich um eine der üblichen One-man-shows ohne Publikum. Die Frau mit den Blumen hatte es aufgegeben, sich über ihn zu wundern, und nachdem sie ihm noch alles Gute gewünscht hatte, ging sie eiliger als nötig ihrer Wege. So war es diesmal. Carl indessen lief noch einmal um die Pappmachéwagen herum, schaute in die Höhe, ohne lange in dieser Haltung zu verharren, und ging dann zielstrebig die 6th Avenue Richtung CENTRAL PARK, als könne eine der Hochzeitskutschen doch noch auf ihn gewartet haben, auch wenn er sich nicht als Ehrenbesucher des RAINBOW ROOMS auswiese. Nadja hatte ihn den ganzen Weg über beobachtet und folgte ihm weiter.

2. Postkarte

Lieber Tom,
„Here I am where John imagined. And Lou did his walk on the wild side …“ So wirbt eine Kunstschule für zukünftige Bewerber. Ob es nützt, was meinst du. Am Imagine-Stern Yoko Onos treffen sich immer noch ein paar verzweifelt Gedenkende, wenn sie ihre Blumen loswerden wollen. Aber selbst mein ‚famous blue raincoat‘ ist mittlerweile ins Hellblau ausgewaschen, und keiner, der seinem Killer noch vergibt. Vielleicht sind die Anlässe nur größer, und es gibt Schatten, die sind einfach zu riesig dafür, als daß sich noch darüber springen ließe. Music on Clinton Street habe ich nicht gehört, die Hymne war lauter. Ich konnte mich nicht

entscheiden, welche Sorte Blumen ich nehmen sollte, und ob ich sie nicht lieber in der Church Street hätte ablegen sollen als auf den Strawberry Fields. Dir eine Wicke. Die rankt sich. Bin unterwegs. Downtown, uptown. Meine Füße nehmen jeden Weg, als ob er ihnen zustünde. Ich weiß nicht, was ich tue. N.

Der Cheeseburger deluxe im Big Nick, einem einfachen *American food restaurant* auf dem nördlichen Broadway, hatte Carl schon mehrfach das Leben gerettet. So ging es auch anderen, und sie schrieben überschwengliche Rezensionen, die an der Wand angepinnt waren, überzogen von einem dichten Fettfilm aus kondensierter Bratluft. Die Hygienekommission hätte vielleicht Einwände gehabt, aber sie guckte nie über den Tellerrand hinaus. Carl aß, langsam, und dachte dabei an das Bild, das eine Gourmetexpertin New Yorks auf ihrem ersten Buch als achtjähriges Mädchen zeigte, während sie im Kochtopf rührte, kaum groß genug, um hineinschauen zu können. Nicht jeder hat eine Mutter, die er vom Vergiften der Gäste abhalten mußte, das war Teil ihrer Geschichte. Das hatte er einmal gelesen, ohne je davon zu erzählen. Manche haben Gewichte auf der Zunge, auch ohne Alkohol. Und Familie hat, wer einmal Glück hat. Seine Familie war verstreut und kontaktarm, zumindest in ihren Beziehungen untereinander. Carl vermißte seinen Bruder, der war an Herzversagen gestorben, ein Jahr zuvor.

Andere machten darüber eine Ausstellung, weil sie es versäumt hatten, zur Beerdigung zu kommen. Eine Ausstellung über die hinterlassene Mutter, die den Weihnachtsbaum das ganze Jahr über im Wohnzimmer und an die Steckdose angeschlossen ließ. Die früher von den Kindern versorgt wurde, die kaum an die Türklinke reichten. Carl war froh, wenn ihn andere Leute von sich ablenkten, jung fühlte er sich schon lange nicht mehr. In diese Bedrängnis zu geraten. Und das nicht erst seit dem letzten September. Da wurde es nur offenbar. Daß er niemand zu beklagen hatte außer seinem Bruder. Und der hatte in Pittsburgh gelebt und war auch dort gestorben. Dort, wo die Schwalben noch mit den Leitungen verkehrten wie alte Bekannte. Und wo die Katzen der Nachbarn von gegenüber *Nutritious* und *Delicious* hießen. Welche davon welche war, sah man sofort. Carl hatte Pittsburgh vor zwanzig Jahren verlassen, weil er es nicht mehr aushielt. Außer seinem Bruder war auch seine Mutter zurückgeblieben und hatte ihm Briefe geschrieben, wenn sie die Steckdose in der Wand nicht fand oder mal wieder ihr Konto überzogen hatte und nicht weiterwußte.

Nadja hatte sich zu Carl an den Tisch gesetzt und ebenfalls einen Burger bestellt, er registrierte es mit einem kurzen Nicken.

Wenn der Himmel in New York aufbrach, dann, weil die Wolken ihn sprengten, als kämen sie aus den Häusern heraus statt dahinter hervor. Ein visuelles Echo nur, aufgeregt und eingebildet, aber immer noch sah er es, an diesen Abenden, und er zeigte es Nadja, sobald sie das Restaurant verließen. Zum ersten Jahrestag des 11. Septembers hatten die Zeitungen ausführlich davon berichtet. Und Carl erzählte von der Freundlichkeit der Verkäuferinnen in seinem Café und seinen Versuchen, diese auf keinen Fall zu überbieten, die Frauen könnten panisch werden oder weinen und ihn um ein Taschentuch bitten, das er nicht parat gehabt hätte, und so hätte er seine Hände nicht wiederzufinden gewußt vor Scham und traurigem Eifer. Das habe er schon erlebt. Dabei böte er fleißig mit, im Floskelspiel der Wendungen, selbst wenn schon alles verloren war. Und am Ende verschwände er, unbemerkt, als ob er nicht glauben könne, das „Have a nice day“ gelte ihm. Seinen Briefkasten öffne er mehrmals täglich, aus Furcht vor schlechten Nachrichten. Aber er bekomme keine Briefe mehr. Nicht einmal die anonymen Spendenaufforderungsbriefe. Nadja hörte zu, ohne sich in einem Leben zurechtzufinden, das ihrem so fremd war.

Carls Mutter hatte immer mit dem Atem gerungen, sie litt unter chronischen Asthma-Anfällen. Am Ende war es nur noch eine Kinderportion Luft, die irgendwann nicht mehr ausreichte, sie am Leben zu erhalten, erzählte er. Wenn er es als Kind gar nicht ausgehalten hatte, weil er dachte, sie ersticke, rannte er davon, direkt ins Maisfeld, ohne je Cary Grant zu treffen. Voller Staub und zerschlagen kam er am

Abend nach Hause zurück und bereitete das Abendessen vor.

Wenn seine Mutter nur nicht so viel deutsch gesprochen hätte, das ihm so schwerfiel und das er als Kind gehaßt hatte wie einen Makel. Er hätte gewußt, wo er hingehörte. Fatal war, wenn er die Kinder aus seiner Klasse am Wohnzimmerfenster erwischte, wie sie heimlich seiner Mutter zuhörten, wenn sie die alten Volkslieder sang und dabei den immergrünen Plastikweihnachtsbaum umschmückte. Ob sie die Lieder kennen würde, fragte Carl. Nadja nickte stumm. Immer noch waren deutsche Gäste, vor allem Touristen, in den New Yorker Restaurants und Bars verrufen, erzählte er weiter, weil sie kein Trinkgeld gaben. Die Reiseführer schlugen zehn Prozent als Mittelwert vor, das hatte er nachgeprüft und schon einen Brief an einen Verlag geschrieben, ob sie nicht wüßten, daß die Kellner und Barkeeper vom Trinkgeld leben mußten. Man hatte ihm nicht geantwortet.

Carl hatte einmal in seinem Leben in einem *Diner* bedient, und er hatte sich immer für die Deutschen geschämt.

1. Brief, einen Tag später

Lieber Tom,
gestern abend mußte ich die Gedanken dimmen. Auf Schummerlicht. So gingst du mir auf den Docht, grell, blendend … Immer hast du dich eingemischt, in unsere Unterhaltung. Dabei sahen die Gebäude hinter dem Fluß auch

ohne dein Intrigieren wie kriegszerstörte aus dem Libanon aus. Das war nun der schönste Upper West Side-Blick auf den Hudson River, wie mir der Doorman erklärte, als ich ankam. Du warst nicht dabei, nur als Adresse in meinem Notizheft. Das hatte ich rübergerettet. Mein Zweikomponentenschlaf aus Stille und Dunkelheit wollte sich dennoch nicht einstellen, die Träume fanden nicht das richtige Bett, sich dazuzulegen. Nun bin ich wieder auf Briefformat: Kopf, Anrede, Gruß. Mindestens.

Ob ich nicht wenigstens den Wein hätte bezahlen müssen, zu dem Carl mich einlud, obwohl er kein Geld hatte? Er ließ es nicht zu. Wahrscheinlich mußte er dafür sogar seinen Zweidollarschein opfern. Habe ich dir schon von Carl erzählt? Ich habe ihn gestern in einem Café getroffen. Carl ist schon älter. Er lebt allein, weil er seine Familie nicht mehr ertragen hat. Seine Mutter ist verrückt. Ich würde ihm gern helfen. Wenn er erzählt, dann so, als ob niemand ihm zuhört.

Carl ist so anders. Du bist mein Glaspfand. Das was man cash rausbekommt, wenn man das Glas geleert hat. Ich müßte dich also eintauschen, aber das garantiert noch nicht, daß ich auch vorsichtig mit dir umgehe, wenn ich dich nicht zurückgebe. Was, wenn ich gar nicht austrinken mag. Jedes zweite Mal Wiedersehen finden wir uns zum Heulen unerträglich. Und jedes erste Mal kriegen wir nicht genug voneinander. Könnten wir uns darauf nicht einstellen und uns nur jedes übernächste Mal sehen?

Erinnerst du dich an unser letztes Gespräch? Daß Unglück eine Märchenkategorie sei und kein buckliges altes Weiblein mit einer Nuß oder einem anderem Ding dich erlösen kommt aus der Verzweiflung, erklärte ich dir, wohl weil ich es selbst noch nicht anders erlebt hatte. Deshalb gäbe es Bibeln in jedem Nachtschrank. Um sich hinterher kein Versäumnis vorwerfen zu müssen, antwortetest du. „Glaubst du daran? Glaubst du, daß es wirkt?" habe ich nach einer langen Pause gefragt, als ob ich meiner Zunge gut hätte zureden müssen, die Frage über die Lippen zu bringen. „Spiel nicht Gretchen", meintest du ausweichend. „Ich bin nicht verantwortlich für das, was du siehst und was dir nicht paßt, was du aber nicht ändern kannst." „Schade", habe ich geantwortet, „dann ist kein Happyend in greifbarer Nähe …" „Es liegt nur an dir, ob du drin vorkommst.", hast du gesagt, standest auf und bezahltest.
Schon gut, das habe ich mir ausgedacht. Wie findest du es? Klar, es war anders, weniger deutlich. Aber etwas mehr Entschiedenheit von deiner Seite hätte nicht schaden können. Ich bleibe noch eine Weile. Wohnen werde ich von nun an bei Carl, ich ziehe morgen um. Er ist übrigens Nachtwächter bei Macys. N.

In der West 4th Street, Manhattan, dachten viele, sie seien Bob Dylan, das fing schon am Eingang zur U-Bahn an. Carl konnte sie sehen, wenn er seinen Kopf aus seinem Oberlicht streckte, dem einzigen Fenster in seinem winzigen Wohnzimmer. Worcester, sein Kater, hat schon bei der ersten Berührung geschnurrt wie ein Motor, so willkommen war Nadja ihm, als sie zu Besuch kam.

Carl hatte immer den Fernseher laufen, und sie mußte sich erst daran gewöhnen, lange zu suchen, bis sie bei 120 Kanälen so etwas wie Nachrichten fand. Es gab einen neuen Mückenvirus in Chicago, gegen den öffentliche Großeinsätze gefahren wurden. Danach sei es still geworden im Vorort Skokie. Immerhin, die *New York Times* nannte zwar Mohammed Atta einen Terroristen, aber sie redete ihn unbeirrt mit Mister an. Ihre Zurückhaltung vor Euphorie konnte man womöglich am deutlichsten verspüren, wenn sie über einen Rieseneinkaufsautomaten mit seiner 24-Stunden-Auswahl von mehr als 200 Produkten berichtete, der den klassischen Eckladen ersetzen sollte. Die Austeilung erfolge nach entsprechender Tastenkombination mit einem einzigen Fallgeräusch, das dem Kunden sogar das „Have a nice day" als Abschiedsformel erspare. In Washington begann es. Die *New York Times* würde die Verbreitung „Shop till eggs, diapers and toothpaste drop" beobachten und sich ihren eigenen Reim drauf machen. Was sollte sie davon halten. Außer Abstand. Carl konnte ihre Aufregung nicht mehr teilen, als er am anderen Morgen nach Hause kam, sie war darüber eingeschlafen.

3. Postkarte

Lieber Tom,
ich habe zu viel gesehen, selbst mit Scheuklappen vor dem Gefühl. Nicht einmal die Anzeigen schämen sich hier für ihr Großformat. In Europa ist alles ganz anders. Auch wenn das Schreibprogramm meines Computers in Amerika entwickelt worden ist. Auschwitz kennt es nicht. Porno auch nicht. Die unterkringelt er. Aber ob rotes Unterkringeln schon Kritik bedeutet? Hitler kennt es wieder, Honecker auch. Auch wenn die nicht nur aus alphabetischer Korrektheit nicht im selben Atemzug genannt werden dürfen. Von den unpassenden Vergleichen hängt von Zeit zu Zeit viel ab, manchmal das Leben. Einer, dem sie verboten wurden, hat sogar Krebs davongetragen. Gesellschaftskrebs, weil er zu behütet war an seiner Goldküste, seinem Goldstrand: das Schmuckstück der Familie. Ich habe Carl das Buch auf eine seiner Nachtwachen mitgegeben, ich weiß nicht, ob er es gelesen hat. Und du? Was liest du? Und hat es mit dir zu tun? N.

„Sag, würdest du dir auch eine Tätowierung machen lassen, die wie ein Einschußloch aussieht? Selbst die Blutspur noch gegraben in Blau, dauerhaft, in den Rücken." „Mich trifft man nicht von hinten." „Dacht' ich mir … Ob wir Frauen auch dann bluten, wenn wir in die Nähe eines potentiellen

Täters geraten, der seinen Mord nur noch nicht begangen hat? Oder ob es nur so angefangen hat." „Hältst du mich für einen Mörder?" „Dich … ich weiß nicht … Siegfried blutete noch, als er längst tot war, nämlich als Hagen am Leichnam auftauchte. Die gestillte und die laute Wunde. Das steht in einem unserer Nationalmärchen drin, dem Nibelungenlied, hast du das je gelesen? Irgendwann übernahm es dann Kriemhild, die Frau Siegfrieds, zu bluten, aber es gelang ihr nicht völlig, die Wunde zum Schweigen zu bringen. Kommt dir das abwegig vor?" „Sorry, ich wußte nicht, … sag mir Bescheid, wenn ich dich in Ruhe lassen und für ein paar Tage verschwinden soll."

Das war kurz bevor Tom nach Deutschland zurückgekehrt war. Nach seinem Abflug hatte der Wunsch nach Mantellosigkeit und Enttarnung so stark von Nadja Besitz ergriffen, daß sie sich sogar vorstellen konnte, einfach mit dem erstbesten mitzugehen, mit dem sie sich unterhalten würde, um ihn zu küssen. Sie konnte nicht denken, was der Ohnmacht sonst ein wenn auch vorläufiges Ende bedeutet hätte. Sie konnte nicht. Wollen ist nicht immer schon Fühlen. Schon gar nicht dort, wo man sich neben Hunden und Katzen eben auch Waffen wie Haustiere in Sammlung hielt, die man mit *Honey* oder *Babe* ansprach.

Zwar kannte Nadja auch in ihrem Land Leute, die selbst eine Spinne noch zu ihren Haustieren rechneten, für die sie extra Obstfliegen in Netznähe lockten. In Hammond,

Indiana, war es dagegen eine Schande, von finanziellen Schwierigkeiten etwas durch die Gardine hindurchblicken zu lassen. Da mußte einer schon aufmerksam sein, daß er aus dem Begehren des Nachbarn, sich ein paar Eiswürfel auszuborgen, herauslas, daß dessen Strom abgestellt war, weil er ihn nicht mehr bezahlen konnte. Denn *family size* war hier selbst in den Einzelhaushalten das Eispaket im Tiefkühlschrank. Das hatte ihr Carl erzählt, später. Und noch einen Kaffee gekocht. Carl hatte sich an Nadjas Anwesenheit gewöhnt, die voraussetzungslos war. Und ihr ging es besser, seit sie glaubte, eine Aufgabe gefunden zu haben.

2. Brief

Lieber Tom,
und wenn sie nicht gestorben sind, so töten sie noch heute. Und vom Leben versteht, wer es von innen kennt, die Haut. Das wäre das Ende vom Lied gewesen, das ich über dem Refrain, in den du einstimmtest, immer vergaß zu singen. Wie beim Domino, das haben wir jedoch stumm gespielt. Anlegen kann niemand mehr an den letzten, einzelnen Stein. Umkippen schon. Wer weiß, wann man ihn findet und die Augen zählt, die übrig bleiben zu wachen, so wie Carls Augen jetzt in seinem Kaufhaus, während ich zu schlafen versuche.

Immer wenn es ans Eingemachte geht, merken wir, daß wir nur noch Tiefkühlware haben, die nicht mehr rechtzeitig auftaut, wenn wir sie brauchen. Ich kenne noch die blaue Flamme, die die Luft wegaß in den Gläsern bis knapp unter den Rand mit Kirschen gefüllt, bei meiner Großmutter. Auch die Schützengrabenkriegsgeschichten sind kürzer erzählt, ohne das köstliche Eingemachte, an dem man sich beim Pfeifen der Geschütze erlabte. Ich weiß nicht genau, für wen meine Großmutter die Kirschen eingeweckt hat, seit ihr ältester Sohn nicht mehr aus dem Krieg zurückgekommen war, der sie so gern aß. Karl hieß ihr Mann, wie Carl, nur mit K.
Ich verstehe deine Langeweile nicht, über die du dich beklagst. Immer wieder muß ich daran denken. Sie könnte doch ein erhebliches Zeitreservoir bilden. Etwas von dem wir erst viel später wissen, was es ist. Eine Regelmäßigkeit Atem vielleicht nur. Keine Extraportion Glück. Aber ein Speicher. N.

Man würde Goldfische in den durchsichtigen Absätzen tragen und jeder Schritt wäre eine Welle, die den Fisch erfaßt. So stellten sich Europäer also Amerika vor. Nadja hatte nur einmal, auf einer anderen Reise, einen Einkaufswagen im Wasser des *Lake Michigan* entdeckt, am Strand von Evanston, Howard Street Park and Beach, kurz hinter der Balustrade, die am Vortag noch von Graffiti gereinigt wurde, obwohl niemand das Ergebnis dieser Verschönerungsaktion sehen konnte außer Seglern, und die waren dort oben zu dieser Jahreszeit rar. Der Einkaufswagen stand ohne Inhalt mit seinem orangefarbenen Griff und aufgeklapptem Kindersitz auf dem Seeboden im vielleicht zwei Meter tiefen und klaren Wasser. Jemand hatte sich die Mühe gemacht, ihn über die Absperrung zu hieven und ins Wasser zu stoßen, es war nicht das zufällige Ende einer Fahrt, kein spektakuläres Showdown. Doch das Happyend gibt dem Film immer recht, egal wie unsinnig sich die Hauptpersonen vorher gebärden. In Odessa jedenfalls war es ein Kinderwagen, der in unaufhaltbarer Fahrt die Hafentreppe hinunterstürzte, kein leerer Einkaufswagen. Etwas von dem, was Angst ist, begriff sie da. Nicht die weit aufgerissenen Augen. Es nützte einfach nichts, sich auf dem Stadtplan zurechtzufinden, wenn der Maßstab zum Leben sich verschob und die Übersetzung fehlte. Rauhfasertapete war die angemessene Umgebung für eine Seelengestimmtheit, die auch nicht erträglicher wurde, wenn man sie pastellen strich. Futterale, überall. Und wenn man eins öffnete, quoll das heillose Unglück daraus hervor. Bleibt in den Wohnungen, Bürger, bedient eure Geländer und programmiert die Schlüssellöcher blickdicht. Stapelt die Wünsche nicht länger tief, wenn die Ansprüche einmal gewachsen sind!

Aber ob sie Tom diese Unverträglichkeit vorwerfen könne, fragte Nadja sich wieder und wieder.

3. Brief

Lieber Tom,
ich habe einmal mein Glück vergeben und weiß nun nicht, was passieren wird, ob mich die slot machines aus Las Vegas verschlingen mit Haut und Haar oder ob ich Vineta gar nicht hätte retten können, weil ich in der falschen Stadt war. New York war die untergegangene Stadt, wenn man sie hinter Regenschirmen hervor auf der Aussichtsplattform des Ground Zero betrachtete. In Hammond hatte mir ein mit seiner Tagesration Freundlichkeit sparsam umgehender Händler einen Zweidollarschein und Münzen rausgegeben, als ich mit einem Fünfdollarschein zahlte. Ich argwöhnte, daß es sich um Falschgeld handelte, er ließ sich jedoch auf meine Nachfrage nicht ein, und so bat ich ihn, mir lieber zwei einzelne Dollarscheine zu geben. Später erklärte mir jemand, daß es Glück brächte, einen solchen Zweidollarschein zu erwischen, sie seien selten im Umlauf, man könne sie allerdings auch auf der Bank druckfrisch kaufen und in Las Vegas gäbe es sie zuhauf, wenn man sich auf Zufälle nicht verlassen wolle.
„In this age of fiberglass I'm searching for a gem …" Spätestens da singt Carl immer leise mit. Hörst du das Echo? Die Zeitrechnung geht wie aufgezogen. Noch bist du mir voraus, solange die Wunschmaschine unablässig neue Bedürfnisse produziert, doch erst am Schalter wird über den Ausgang

entschieden, mit je nach Bedarf laut- oder abgestellter Sprechfunktion. Hast du geöffnet. Hörst du mich. Die Schlange wächst, ich stehe an. N.

Im Traum einer Nacht unter Carls geöffnetem Oberlicht hatte Nadja ein Kaffeegefäß gesucht, das sie an einen Tisch mit mehreren Personen bringen mußte, sonst würde es ihr ebenso schlecht ergehen wie dem Herrn des Hauses, wurde ihr bedeutet. In der Küche angekommen waren alle Gefäße anderweitig benutzt, sie fand nur einen Blecheimer, der sich aber, sobald sie ihn berührte und Kaffee einschenken wollte, umstülpte wie ein ungestärkter Hut aus Filz, wenn man sich anschickte, darin eine Last zu tragen. Als sie sich hilfesuchend umblickte, erkannte sie, daß der Herr des Hauses gar nicht tot war, wie das Getuschel am Tisch besagte. Er saß nur versteckt auf dem Sessel unter einem Laken, und als sie es lüftete, sprang er auf und verharrte dann wie ein von Scheinwerfern erschrecktes Wild, das sie starr anblickte und nicht aus den Augen ließ, denn sonst würde er sich verwandeln. Das war das einzige, was ihr zu erzählen einfiel, um den Zorn des Küchenjungen zu besänftigen. Er hatte ihr den Tod des Hausherren zur Last gelegt, da er ihn infolge von dessen Erstarrung nicht wiedererkannt hatte. Mit dem nächsten Blick, den der Küchenjunge ihr zuwarf, erfaßte sie, daß sie das Recht, in den Saal zurückzukehren, ein für alle Mal verwirkt hatte und im Hause nicht länger erwünscht war.

Eine kurze Weile lang überlegte Nadja, New York zu verlassen. Aber was würde aus Carl werden, so ihre Ausrede, die immer paßte, wenn sie von sich ablenkte.

Carl wurde zusehends dünner. Nadja mußte ihm alte Familienrezepte aus Thüringen kochen, damit er überhaupt noch etwas aß, wenn er nach Hause kam. Nicht einmal ins FERRARA CAFÉ ging er noch, sie hatte sich dort erkundigt, nachdem ihr aufgefallen war, daß er außer zur Arbeit nicht mehr das Haus verließ. Manchmal las er in ihren Büchern, aber er verlor nie ein Wort darüber. Und wenn sie ihm vorlesen wollte, lehnte er ab oder schlief dabei ein. Auch von seiner Familie erzählte er nichts mehr. Als ob es ihn zu sehr erschöpfte, die alten Geschichten nur zu wiederholen, ohne daran etwas ändern zu können.

4. Brief. Später

Lieber Tom,
Carl ist letzte Woche gestorben. Carl. Er hat mir nie gesagt, daß er krank war. Ich habe es erst im Krankenhaus erfahren. Nicht einmal das blieb ihm erspart. Aber die Schwalben, die werde ich füttern. Ich habe es ihm versprochen, weil mir nichts anderes einfiel. Zwischen Trost und Traurigkeit immer nur Schweigen wie ein brachliegendes unwirtliches Gelände. Ob ich Schwalben in Manhattan finde, oder sollte ich noch einmal nach Pittsburgh müssen, bevor ich zurückkomme …

Wenn ich mir was wünschen dürfte … müßte ich nicht erst in ein Zimmer gehen, es wahr zu machen. Ich hätte es vor mir, das weiß ich nun. Errätst du es? Langsamer. Kannst du dich an das Wort Freiheit auf russisch erinnern? Swoboda. Entweder oder. Ja oder nein. Einfach, wenn man so will. Ich habe lange dafür gebraucht. Carl hat mir geholfen. Ich kann es nicht erklären, vielleicht so: es gibt kein als ob. Welche Beruhigung seither.
Heute nacht hat der Bäcker wieder in meinem Brötchen geschlafen. Vielleicht war es diesmal aber auch nur sein Kind, die Kuhle war nicht sehr groß. Ich würde ihn zu gern einmal dabei erwischen und mit ihm ein wenig plaudern. Aber ich bin nicht schnell genug. Oder ist es nur Schwund im Gedächtnis und in der Schmerzbeuge. Seltsam, Eintagsfliegen begegnen mir immer spätabends, an den Scheiben, wenn sie Einlaß begehren. Und bald darauf erkenne ich sie nicht wieder. „He said: The way out is via the door, how is it that no one will use this method", sagt Ezra Pound mit Konfutse. How it comes that there's no door left? Weshalb sollte ich noch bleiben. Bist du es, der geklopft hat. Ich gehe nachsehen.
Ach, bitte vergiß nicht, den Wein in den Kühlschrank zu stellen, wir müssen ihn sehr kalt trinken, den ersten Schluck.

Hanna. Aus dem Nachlass

„you're the only one I want
and I've never heard your name
let's hope we meet someday
if we don't it's all the same“
(Townes van Zandt)

brief an einen der nicht verloren ging

ich grüße dich mein herzblut. deine finger trage ich als abdruck, doch was haben sie zu suchen auf meiner haut? braune flecken wie bei einer birne, die beleidigt reagiert, wenn man sie nicht auf der stelle verzehrt. verzehrst du dich schon? hast du schon blaue flecken auf dem mund? ich werde mein gesicht auf das herzfeld legen, dann streifen deine finger mich, wenn sie pflügen kommen. sag, hast du mich überschritten, von furche zu furche? warum das geländer zwischen den feldern? weil man fahrräder nicht von rechts schieben kann? weil man schwarze steine setzen muß, wenn man go spielt, damit sie sich von den weißen unterscheiden? weil der elektrische zaun impulse jagt, denen das herz nicht nachfolgen kann? mein gebiet ist abgesteckt, sichtbar. manchmal verläufst du dich auf dem direkten weg.

träume gibt es, die zu schön sind, in einem fremden bett geträumt zu werden. aber warum sollten wir dann noch in erfüllung gehen wie in zukunft, wenn es uns gibt?

eine katze kommt wieder. auch wenn sie nicht da ist. du bist doch nichtschwimmer, oder? auf den namen lisa hört jede, man muß sie nur zu rufen verstehen. hast du schon einmal eine glocke gegossen und hinterher geweint?

ich habe mich entschieden. wie klingt dir das. nicht weinen, ich kenne ja das rezept, der junge hat es mir verraten. eine bitte noch, tritt nah ans fenster, wenn du die elstern rufen hörst, vielleicht

Sie könnte es sein, das wußte ich jetzt. Aber dafür würde ich sie finden müssen, allen Ausflüchten zum Trotz, ihren und meinen. Durch Gedanken hindurch, die wie verschränkte Arme wirkten. Ein Signal, stellte ich mir vor, und sie würde die Schranke heben. Im ‚berühmt blauen Regenmantel'. Aber das war ein anderes Lied. Obwohl ich es auswendig kannte und mir die Konstellation nicht unbekannt vorkam. Nur war in unserem Fall ich es, der es sich überlegt hatte.

„Könnte ich einen Moment lang mit Ihnen sprechen?" Nach einem kurzen Zögern regte sich der Türsummer, und die Tür im dritten Stock, Seitenflügel wurde einen Spaltbreit geöffnet. Frau Eisert lauschte den heraufkommenden Schritten, ihr war, als ob sie den Gang erkennen könnte, leichten Schrittes nahm jemand zwei Stufen auf einmal, nur vor dem Treppenabsatz geriet der sichere Schritt aus dem Viervierteltakt und fügte einen Achtelschritt hinzu. Noch ein Stockwerk, wenn er es ist, geht er weiter, dachte sie. Jemand blieb stehen, und sie vergrößerte ihren Spalt, um den Angekommenen in Augenschein zu nehmen. Junger Mann, Anfang 30, schätzungsweise, dunkelblauer Kapuzenpullover, abgetragene Jeans. „Guten Tag. Ich suche diese Frau", und ich hielt ihr ein Photo hin. „Sie hat bis vor einem halben Jahr über Ihnen gewohnt. Ich bin ein Freund von ihr." Frau Eisert schaute auf das Photo: „Kommen Sie herein. Wollen Sie Tee? Ich habe gerade frischen aufgebrüht. Sie meinen Hanna Behrend? Ich habe sie lange nicht gesehen, sie wohnt nicht mehr hier. Was sagten Sie, ein halbes Jahr? Das mag hinkommen, obwohl ihr Name immer noch am Briefkasten steht. Ich habe nicht bemerkt, wann sie ausgezogen ist, und jetzt steht die Wohnung leer. Vorigen Monat hörte ich noch einmal Schritte, aber ich dachte, daß der Hausmeister die Wohnung einem Nachmieter zeigt, und so habe ich mich nicht weiter darum gekümmert." Sie hörte auf zu sprechen und musterte mich kurz. Ich sah wohl aus, als ob ich den Tee nötig hatte, mit beiden Händen hielt ich die Tasse umklammert, deren Henkel wie eine Brücke abstand, die in eine fremde, feindliche Welt vorstieß. „Warum suchen Sie das Mädchen?“ fragte Frau Eisert. Ich steckte das Photo ein und sagte: „Kann mir schon vorstellen, daß Sie mißtrauisch sind.“ Mehr sagte ich nicht, was hätte ich auch erklären sollen. Frau Eisert nickte vor sich hin und wartete. Sie hatte selten Besuch und wollte diese Ausnahme nicht ungenutzt verstreichen lassen. Als mein Schweigen beharrlicher wurde, begann sie zu erzählen. „Eigentlich kannten wir uns kaum. Dabei war sie mir sympathisch. Ich habe sie immer an ihrem Schritt erkannt, schon im Hof konnte man sie kommen hören. Sie hat das Licht auch tagsüber im Hausflur angeschaltet, obwohl es davon ja nicht heller wurde. Vielleicht mochte sie gelb. Sie ging die Treppe hoch, als verfolge sie jemand, ja sie wurde schneller, je näher sie ihrer Wohnung kam, als ob sie es kaum erwarten könne, endlich zu Hause zu sein. Wenn sie die Tür schloß, ging sie immer geradewegs ins große Zimmer, da zog sie ihre Schuhe aus und ließ sie auf den Boden fallen. Ich konnte ja alles hören, es ist sehr hellhörig hier, wissen Sie. Na, vielleicht bin ich auch nur empfindlich. Als sie noch Schreibmaschine schrieb, war es schlimm. Ich kriege immer so leicht Kopfschmerzen, auch bei Rasenmähern oder Flugzeugen. Einmal habe ich einen Besen genommen und an die Decke geklopft, ich wollte nicht nach oben gehen, da ich schon im

Bett lag. Ein andermal, da habe ich geklingelt, hatte sie Besuch von einer Frau mit Kind, und das zog so ein Holzmännchen auf Rädern über den Flur, was auf den Dielen klapperte. Sie hat sich entschuldigt und ist mit dem Kind auf dem Teppich spielen gegangen. Ich habe dann Ohropax genommen. Was will man machen. Schließlich waren wir Nachbarinnen, und nicht nur für den Fall, daß mal 'ne Zwiebel fehlt. Einmal kam sie auch und fragte nach Heftpflaster, allerdings schlug sie die Einladung zum Tee aus, obgleich auch sie ihn vertragen hätte, da bin ich mir sicher. Sie war überhaupt an jenem Tag wie abwesend und antwortete nicht mehr, als ich sie fragte, ob ich ihr irgendwie helfen könne. Übrigens sind die Klingeln in unserem Haus besonders schrill. Eine Zeitlang bin ich davon aufgewacht, wenn es bei ihr klingelte, obwohl ich eigens im hinteren Zimmer schlief. Es klingelte zu ganz unterschiedlichen Zeiten, meistens aber früh am Morgen, wenn die Elstern zu krakeelen begannen. Ich weiß nicht, von wem sie Besuch bekam", dabei warf sie einen kurzen Seitenblick auf mich. Ich reagierte nicht, und so sprach sie ihren Monolog weiter, den das Bedauern, den richtigen Moment verpaßt zu haben, eine Spur zu lang geraten ließ. Sie hatte sich nie von Hanna verabschiedet, und so wartete sie noch auf die ausstehende Begegnung wie auf eine Überraschung. Genau wie jenes Mal, als Hanna ihr fröhlich zugerufen hatte: „Ich habe Post" und pfeifend aus der Haustür gegangen war, nicht ohne noch einen schönen Tag gewünscht zu haben, sie hatte sogar „Frau Eisert" zu ihr gesagt, „Einen schönen Tag Ihnen, Frau Eisert", und war verschwunden. Aber das muß schon kurz vor ihrem Weggang gewesen sein. Und danach hatte es wieder verstärkt geklingelt. „Haben Sie sich nie länger mit ihr unterhalten?" unterbrach ich ihre Gedanken, und sie antwortete: „Nein, nie. Wissen Sie, wenn man über fünfundzwanzig Jahre in einer Wohnung lebt, hat man keine Eile mehr. Die meisten, die kommen, sind Durchgangsmieter. Ich war mir immer sicher, wenn es wichtig wäre, würde sie kommen. Zwiebeln habe ich genug. Tee auch. Aber vielleicht ist etwas dazwischengekommen", sagte Frau Eisert noch und schwieg dann. „Sie wissen nicht, wohin sie gegangen ist?" fragte ich weiter. „Nein", antwortete sie. „Ich habe sie einmal von Ausland reden hören, im Vorbeigehen, aber ich weiß nicht einmal, ob sie wegwollte oder bereits zurückgekehrt war und für wie lange. Obwohl, der Brief, den sie in der Hand hielt, kam allem Anschein nach von weit her, er war so bunt." „Ich muß jetzt gehen", unterbrach ich die Frau vielleicht ein wenig abrupt und stand auf. „Viel Glück", sagte sie. Ich ging den Flur entlang, und erst im Hausflur drehte ich mich noch einmal um. Aber die Möbel in der Diele warteten, bis ich die Wohnungstür geschlossen haben würde, bevor sie sich mit einem Knacken entspannten. „Könnten Sie ihr etwas geben, falls sie noch einmal kommt?" Ich reichte ihr einen Umschlag, der wie ein Brief aussah. „Mach ich“, antwortete sie, und sie hatte das Gefühl, daß sie nicht mehr tun konnte, auch wenn der Trost nur aus dieser einzigen Geste bestand. Sie schloß die Tür und ging in ihr Zimmer, nicht ohne mitzubekommen, daß der Mann die Treppenstufen statt nach unten jetzt einzeln nach oben ging, sehr langsam. Sie wartete auf ein Klingeln, aber er klingelte nicht. Weiter lauschend schaltete sie ihren Fernseher erst ein, nachdem auch der Lärm der zufallenden Hoftür mehrere Male verklungen war, und gestand sich diesen Anflug von Einsamkeit zu.

Hanna Behrend. Wie sie die Namen wechselte. Ich hatte es für eine Grille gehalten, die mich nicht weiter störte, nur daß ich sie aufgrund immer ähnlicher Lautfolge oft durcheinanderbrachte. Lara, Anna, Malah, Nadja … Ein Spiel, dachte ich, im Laufe dessen sie für mich Hanna geworden war. Doch wechselte sie auch ihre Träume wie Unterwäsche, jeden Tag. Selten ein Ankommen, das ein Bleiben nahelegte, zu viele Städte hatte sie schon besucht. Spätestens wenn ihr Stadtplan zerfledert und nicht länger in Benutzung war, trieb es sie weiter. Nach genau sieben Paaren eiserner Schuhe, behauptete sie spöttisch, als ich sie danach gefragt hatte, weil es mir merkwürdig vorkam. Und daß sie auf dem Geländer stehen gelernt habe, als sie noch durchpaßte mit dem Kopf zwischen den Stangen. In Jena, auf einer Saalebrücke. Daß sie prinzipiell bei Rot über die Straße ginge. Überall dabeisein wolle. Sie habe auch noch nie mehr als zwei Elstern auf einmal gesehen und behauptete, kinderlos zu bleiben. Waren es mehr, so waren es immer zwei und zwei, die immer eine und eine waren ... Ihr Elsterneinmaleins, das hatte sie gelernt, wie hätte sie es vergessen können. Von jedem Strand nahm sie einen Stein mit, von jeder Wiese einen Strauß. Sie photographierte. Nein, sie haßte Photographien. Und daß sie wieder mit Kritzelzeichnungen begonnen hatte: Bärte, Hüte, Zahnlücken, Telefonnummern, auf Briefen und Eintrittskarten, die anwuchsen zu Stapeln. Das Ende der Schleife ist der Anfang vom Knoten, das hatte sie mir auch gesagt, aber ich hatte es wohl mißverstanden und sie nicht einmal beunruhigt angesehen. Damals hatte ich eine Freundin und war nicht weiter an ihr interessiert. Sie hingegen hat mich nie aus den Augen verloren, wenigstens tauchte sie immer wieder in meinem Leben auf mit einer Selbstverständlichkeit, als gehörte sie dazu. Warum ist sie auf einmal verschwunden. Hatte ich in dem Moment die Gunst verwirkt, da ich auf sie aufmerksam wurde?

Wohin würde sie noch reisen, wenn sie sich eine Reise wünschen dürfte? Warum Nepal? Sie hatte doch gerade erst geplant, Spanisch zu lernen. Ich hielt noch nie viel von Leuten, deren überspannte Wünsche sich nicht mit der begrenzten Skala an Möglichkeiten in Übereinstimmung bringen ließen. Es paßte nicht in mein Konzept. Und Hanna war wie geschaffen dafür, Kandidatin von Stiefwünschen zu sein, um die sich andere Leute nicht weiter kümmerten, dachte ich ablehnend, früher. Jetzt hingegen kam sie mir übertrieben zurückhaltend vor. Mir würde ein Lebenszeichen ja reichen. Ein Anruf aus Paris oder ein Brief aus Chicago. Etwas, das mir die Aussicht auf ein Abendessen in Berlin zurückgeben könnte, zu dem ich sie endlich einladen würde. Ich hatte ihr so viel zu sagen.

Vor allem mußte ich sie warnen. Vor der Welt nach den Indianern. Nach dem Amen, das sie sich verkniffen hatte. Nach dem Schiffbruch. Mir war, als schlüge ihr Herz leiser ohne Verstärkung. Sie würde sich immer freischwimmen können, aber, so glaubte ich zumindest, ins offene Meer hinaus. Und nicht mehr umkehren. Dabei wartete ich winkend und vergeblich am Strand. Versunken in dieses Bild mußte ich feststellen, daß ich bereits angefangen hatte, wie sie zu denken. Es war zu spät. Gut, ich könnte meinen Brotjob endgültig aufgeben, der zu mir paßte wie ein Büro zum Cowboy, so hatte sie es formuliert, na ja, bisher fühlte ich mich eher als Indianer, aber nichts würde daraufhin leichter werden. Und seither schob ich die Gedanken vor mir her, als seien es Steine. Alle.

Complicité. Das war eines ihrer Lieblingsworte. Sie kannte nur das Wort dafür, einem Menschen, mit dem sie das Wort hätte teilen können, war sie noch nicht begegnet. Ich hatte es damals satt, ihr inniges Verständnis, das sie zum Fenster hinauswarf, wenn niemand im Hof darauf wartete.

Und wenn jemand klingelte, öffnete sie nicht. Sie hätte doch wissen müssen, daß … Jetzt blieben die Fenster verschlossen und dunkel.

Bei Marie-Claire war sie ein einziges Mal zu Besuch gewesen. Das hatte ich herausgefunden, als ich nach Paris gereist war, um wenigstens Hannas Wege nachzugehen. Ich hatte einfach auf dem PLACE DES VOSGES, in dessen Nähe sie in ihrer Pariser Zeit gewohnt hatte, verschiedene Leute angesprochen. Marie-Claire war die einzige, die auf mein Photo reagierte. Hanna hatte mir nie von Marie-Claire erzählt. Marie-Claire war das Kindermädchen von Pierre, einem fünfjährigen Jungen, und sie und Hanna, oder besser Lara, so nannte sie sich damals, hatten sich ebenfalls auf dem PLACE DES VOSGES getroffen, als Hanna ihre alte Dame im Rollstuhl an die frische Luft gefahren hatte, während Marie-Claire Pierre beaufsichtigte. Von da an hatten sie sich regelmäßig gesehen, auch wenn Hanna oft ohne ihre alte Dame auftauchte. Marie-Claire wohnte mit dem RER eine Stunde von Paris entfernt. Marie-Claire redete nicht viel, sie hatte Hanna an jenem Abend des Besuches gleich das Sofa in ihrer kleinen Ein-Zimmer-Wohnung gezeigt, auf dem sie schlafen sollte, und dann ein paar Sandwiches zurechtgemacht, während der Fernseher lief und sie interessiert zuhörte und ab und zu auflachte. Sie hatten das Zimmer miteinander geteilt, bevor die Nacht sie in unterschiedliche Träume schickte.

Ich hatte auch herausbekommen, daß Marie-Claire in Mali einen erwachsenen Sohn hatte, den sie gern zum Studieren nach Frankreich oder Deutschland hätte gehen sehen. Aber mehr als ihm Hosen, die sie selbst nähte, und Briefe nach Hause schicken konnte sie nicht. Ob ihr Sohn und Hanna sich kennengelernt hätten, hatte ich gefragt, sofort mißtrauisch bei dem Gedanken, daß Hanna ein neues Betätigungsfeld gewittert haben könnte und womöglich nach Mali gereist sei. Nein, antwortete sie. Ich erkundigte mich nach Pierre, dem Kind des wohlsituierten Paares, für das Marie-Claire immer noch arbeitete und das in einem der Adelspaläste im Marais wohnte, wahrscheinlich mit Deckengemälden aus dem 17. Jahrhundert. Sie wischte ein wenig über den Stoff ihres Rockes und seufzte. „Pierre ist eines jener Kinder, an den die Eltern den Namen wie einen Staffelstab übergeben, an dem noch eine alte Tuchfabrik und ein Gutshof in der Gascogne dranhängen. Wenn sie erst einmal tot sind, wird er sich kaum noch an mich erinnern. Ich bin bereits sein drittes Kindermädchen." Schließlich hatte sie gesagt: „Kennen Sie die Parks hier in Paris? Lara wollte mich immer in einen Park mitnehmen, ich weiß nicht, was sie mir zeigen wollte, aber ich hatte wenig Zeit damals, weil ich zusätzlich noch für eine andere Familie putzen ging, und dann tauchte sie nur noch unregelmäßig auf. Dann kam der Winter, und wir waren nur noch selten auf dem PLACE DES VOSGES. Es war zu kalt zum Sitzen. Seitdem haben wir uns nicht mehr gesehen. Das ist jetzt anderthalb Jahre her. Bestellen Sie ihr schöne Grüße von mir, wenn Sie sie treffen."

Marie-die-Helle, aus Mali, daß ausgerechnet sie diesen Namen verpaßt bekommen hat, den ihr wahrscheinlich manche Politiker neben der französischen Staatsbürgerschaft gern noch absprechen würden, um die „préférence nationale" durchzusetzen. Es war das andere Ufer eines fremden Sterns.

Bevor ich nach Paris kam, glaubte ich, daß es selbst in den U-Bahn-Schächten nach einer Madeleine duftete, wenn man sich nur entsprechend Mühe gab. Ein Irrtum, naiv. Ich hatte die Nase gestrichen voll. Von Paris, bildete ich mir ein. Aber vielleicht auch nur von den allzu wenigen Spuren Hanna-Laras, die sich nicht zu einem Anhaltspunkt verdichten ließen. So suchte ich weiter. Von Revolutionstouristen hatte ich mich immer distanziert. Dennoch fiel meine Exkursion nicht gerade rühmlicher aus, sie war sentimental, wenngleich illusionslos und unpolitisch. Ich mußte sie finden, das war auch schon alles, was ich wollte. Ihre Geschichten waren die Spuren zu kleiner Füße für einen sicheren Stand. Das redete ich mir ein, um auch ja den Grund meiner Reise nicht zu verlieren.

„Welcome on board. Here come the planes."

Ich hatte keine Ahnung, ob Nepal nicht noch aussichtsloser war als Paris. In Kathmandu müßte immer der Wind wehen, stellte ich mir vor. Und wenn die Gebete auf den Fahnenketten ausgeblichen waren vom Regen im Sommer, waren sie vielleicht auf- und ausgelesen. Oder sie waren zu schwer für den Wind, der sie den Wolken von Staub und Dreck überließ, mit denen sie auch nicht über den Himalaya kommen würden. Abregnen und sich abregen. Ich hatte es immerhin geschafft, mit Aeroflot und Zwischenlandung in Moskau. Die Berge hatte ich beim Anflug auf Kathmandu verpaßt, ich war eingeschlafen, obwohl ich mir nach dem Smog von Neu-Delhi vorgenommen hatte, wach zu bleiben, um etwas zu erkennen, von dem ich nicht wußte, ob es Konturen besaß.

In Berlin hatte ich nichts davon verstanden. Auch nicht, daß man die Gebetsfahnen einmal aufgehängt nicht wieder abnehmen darf – Hanna hatte sie aus Tibet mitgebracht. Beim zweiten Mal war ich klüger und habe sie in einem Hinterhof hängenlassen, den ich geeignet fand. Ich glaube, da waren sie längst wirkungslos.

Die Augen des Buddha sahen weit. Und sie ließen auch keine Himmelsrichtung aus. Nicht einmal der Smog trübte sie ein, immer wenn ich hinsah, waren sie offen, und so begriff ich es mit der Zeit. Ich mußte an den Gottesbeweis von Owen Meany denken. Obwohl ich auch einen Stupa, diese merkwürdige Art Tempelbau, entdeckt hatte in einem Innenhof mehrerer Häuser, dem kleine elektrische Leuchten vom Kopf abstanden wie Insektenfühler. Vielleicht wollte man Buddha helfen, auch in der Dunkelheit zu sehen. Aber man hatte nicht an den häufigen Stromausfall gedacht. Wo war Hanna, wenn ich sie nicht sah? War sie wirklich noch hier, wie ich es vor meiner Abreise ganz sicher angenommen hatte?

Für Nepal hatte ich gepackt, ohne zu glauben, das Richtige mitnehmen zu können. Das meiste, das ich mitschleppte, war mir unbekannt, ich mußte es nur in einer Klinik abliefern, in der es ein neu eröffnetes Zahnlabor gab, das dankbar das Inventar und die Restbestände von Instrumenten und Materialien der ehemaligen Polikliniken annahm, die schon bald nach der Wende aufgelöst wurden und deren Bestände immer noch in Abstellkammern lagerten. Urmela, die taubstumme Nachbarin des Hauses, in dem ich zu Gast war, hat mir später erst den Zahnarztgott gezeigt, ein ziemlich einfaches Stück Holz an einer Hauswand befestigt: Jeder eingeschlagene Nagel darin stand für ein Hämmern, Klopfen oder Bohren im Kiefer, das man so loszuwerden hoffte. Stellte ich mir vor. Ich hatte ja keine Ahnung. Affen waren mir fremd, und Stupas, das klang in meinen Ohren nur nach Krieg, wenn ich ehrlich war. Aber Hanna hatte recht. Nepal ist ein kleines Land. Das hatte ich bereits in Berlin gemerkt, wo sich alle Beziehungen bei einem Zahnarzt zu Fäden verknüpfen ließen, da er einen Bruder hatte, der Entwicklungshelfer in Nepal war und somit Adresse Nummer eins für ein Land, in das ich mir nicht hätte träumen lassen zu reisen. Ich hatte den Zahnarzt aufgesucht in der Hoffnung, er könnte mir etwas über Hannas Verbleib erzählen, verließ jedoch mit viel Gepäck und gutgemeinten Ratschlägen seine Praxis. Ich weiß nicht, woher Hanna den Zahnarzt kannte. Die Vorstellung bereitete mir Unwillen, daß sie tatsächlich all die Geschichten erlebt hatte, die sie mir erzählte, wenn ich danach fragte. Ich kannte Hanna schon aus der Schule. Da war keine Geschichte zwischen uns. Erst recht keine am Laufen. Sie war drei Klassen unter mir, ich war der beste Freund ihres Bruder, der in meine Klasse ging. Sie stand in der großen Pause immer mit zwei anderen Mädchen auf dem Schulhof und starrte zu uns herüber. Einmal hat sie mich nach einer Schokomilch gefragt, weil in ihrem Klassenkasten angeblich eine fehlte und sie Klassendienst hatte. Da wußte sie also schon, daß ich immer Schokomilch trank, vielleicht hatte sie aber auch ihren Bruder nach mir ausgefragt; sie sah nicht aus, als ob sie dem Zufall über den Weg trauen würde. Ich übrigens auch nicht. Keinen Meter. Obwohl es mir nicht weiter auffiel. Erst als ich sie in Berlin wiedertraf – beide studierten wir – und sie mich ansah und sagte: „Du kennst mich." Da hatte sie mich eingeholt und war stolz darauf wie auf eine Auszeichnung, als sei unsere erneute Begegnung nur ihr zu verdanken. Später besuchten wir sogar eine Vorlesung gemeinsam. Für sie ein heimlicher Jubel, wohl weil wir jetzt nicht nur die Papierkörbe gemeinsam benutzten. Ich war vielleicht eine

Spur zu verächtlich gewesen. Doch ich war einfach überrumpelt von ihr und unserem Wiedersehen. Offenbar hat sie das damals nicht gestört. Nur warum hat sie aufgegeben? Daß ich mich nur an diesen lächerlichen Anfang einer Begegnung klammern konnte, machte mich wütend. Doch ließ ich nicht locker.

In Nepal traf ich im Winter ein, Weihnachten stand kurz bevor, doch der leichte Wind fühlte sich nach Juli an, ohne Differenz zu den Sommern, die ich kannte. Dennoch hingen die Fahnen unbewegt und nicht einmal das Klappern einer Gebetsmühle drang zu mir herüber. Jesus hätte hier mindestens dreijährig auf die Welt kommen müssen, um einen Namen zu erhalten und gezählt zu werden, vorher lohnte es nicht, hatte man mir erklärt, die Sterblichkeit sei zu hoch. Wenn ich einen Sohn zeugen würde, gäbe ich ihm einen Namen, von Anfang an. Ich würde ihn rufen, so wie ich Urmela rief. Urmela saß auf der Treppe und stickte. Sie lächelte mir zu und wackelte mit dem Kopf. Ich wackelte zurück und kam mir unbeholfen vor, weil ich sie immer laut grüßte, obwohl ich ja wußte, daß sie kein Wort hörte und mir meine fremde Sprache auch nicht von den Lippen lesen konnte. Von Urmela habe ich gelernt, daß Gehörlosigkeit nicht nur eine Krankheit ist, sondern in Nepal wie ein Vergehen geächtet wird, das es abzubüßen galt, ein Leben lang. Ich hätte ihr gern von meiner Sprache abgegeben, für die ich hier keine Verwendung hatte außer in Gedanken.

Die Füßlinge, die sie mir zum Abschied schenkte – sie zog aus, wohin, hatte ich nicht verstanden –, waren winzig. Ich wußte nicht, ob sie für mich gemacht waren, da sie so klein waren. Hanna hatte kleine Füße. Wann hatte Urmela Hanna zum letzten Mal gesehen? Drei Wochen war ich schon hier. Und noch zögerte ich vor dem Rückweg, da er nach Scheitern schmecken würde. Immerhin der Himalaya läge auf der anderen Seite des Flugzeugfensters. Doch hatte sich etwas bewegt?

Es gab Menschen, die über den Jäger- und Sammlertrieb nicht hinauskamen. Die ihre Partner wie Beutetiere suchten und nach dem Verdauungsschlaf nicht mehr wußten, wo sie hinblicken sollten vor lauter offenen, bloßgelegten Augen. „Es ist gut, daß wir nicht zusammenwohnen", hatte Hanna gesagt, bevor sie das erste Mal nach Nepal geflogen war. Ackerbau und Dreifelderwirtschaft, Kinder und Märchenbrunnen, das alles würden wir nicht gemeinsam in Angriff nehmen. Das hatte sie wohl gemeint. Und wie auch sollte man ein Kind über die Dreijahresschwelle bringen? Damals war ich nicht einmal gekränkt, an Kinder dachte ich nicht. Ich hatte damit gerechnet, sie unverändert nach ihrer Reise wiederzusehen. So wie jedes Mal zuvor. Doch ihre Postkarte, die sie mir aus Kathmandu geschrieben hatte, klang allzu euphorisch in meinen Ohren. Daß sie nun endlich die Kunstwissenschaft an den Nagel hängen würde, wenn sie einen fände, denn die würden hier dringend gebraucht. Die wunderbaren holzgeschnitzten Fenster früherer Jahrhunderte verfielen, und das sei ein Jammer, aber dazu brauchte es nicht ihrer Analyse, die würde sie künftig anderen Berufszweigen überlassen. Nepal sei wie eine Druckkammer, der Leidensdruck habe hier erstaunliche Werte annehmen können, bevor die ersten ausstiegen. Wo, wenn nicht in den Bergen, sollten sie zu finden sein?

Ich hatte schon wieder eine von den weniger starken *Gurkas* angesteckt, auf denen der Säbel der Samurai wie ein Bogen geschwungen war, und fragte mich, ob sie denn *Surya* oder eher *Bidis* rauchen würde. *Surya*, die Sonne, oder die orangefarbenen *Yak*-Zigaretten, wenn Yaks noch ihre Lieblingstiere waren – an dritter Stelle, sie lachte über die Deutung des Psychospiels, nach der sie ein Yak hätte sein sollen, wie über einen Witz –, schließlich lebten sie oberhalb der Baumgrenze, da wo sich die Frage der Windflüchtigkeit nicht stellt. Sie transportierten das Salz nach Tibet. Sah ihr ähnlich. Salz. Das Mädchen im gelben Mäntelchen unter dem lila Regenschirm. Ihre Vergleiche, immer an den Haaren herbeigezogen, aber niemals habe ich sie vergessen.

Ich hatte meinen Morgenspaziergang hinter mich gebracht, die angezündeten Räucherschnüre auf der immer offenen Straße, die Glocken, welche allmählich die Kühe, die im Müll nach Essensresten gesucht hatten, von den öffentlichen Plätzen vertrieben. Nietzsches Kühe in Nepal.

Und statt Milka Coca-Cola. Ich trank mittlerweile lieber Yaktee, der erinnerte an Brühe und rief die Lebensgeister zurück, wenn alle anderen Sinne den Körper schon verlassen hatten. Hoffentlich würde das Neujahrs-Puja nicht neben den bösen Geistern auch Hanna aus Versehen vertreiben, ich brauchte sie mit einer Dringlichkeit, die mir beinahe Angst machte.

Die Maoisten waren in den Bergen. Ich entschloß mich zu einer letzten Expedition, auf der mich ein Führer begleitete. Aber bis auf die Häuser an der Straßenkreuzung, an der wir ausstiegen, um in die Berge zu gelangen, trafen wir auf keine Spur einer Menschenseele. Zumindest nach meinen beschränkten Vorstellungen von Geburt und Leben ohne Wiedergeburt. Nicht einmal die in der Karte eingezeichneten Flüsse trugen um diese Jahreszeit Wasser, wir mußten uns aufs Schneeschmelzen umstellen und schließlich nach nur einer Woche umkehren. Die Terrassen schnitten den Berg in Scheiben, so daß er aussah, als hätte man ihn nicht paßgerecht wieder zusammengesetzt. Mehr sah ich nicht, ich suchte nur Hanna, aber nichts deutete auf ihre Anwesenheit. Dabei hätte ich ihre Unterstützung gut gebrauchen können. Ich fühlte mich wie ein Eindringling und fremd, ohne Hanna, die mit den anderen Frauen vermutlich Wasser holen ginge oder Milch, um einen Tee zu machen, weil sie gewußt hätte, wo die Menschen zu finden waren.

Es gab Alphabetisierungstüten in Nepal, aus alten Lehrbüchern wurden Papiertüten gefertigt, in die man alles verpackt bekam. Bisher hatte ich Nepali- und englische Varianten bekommen. Kapitel 1, 2 und 15 eines Lehrbuches. Hanna hatte mir damals Chilischoten mitgebracht und sie in eine solche Tüte verpackt, ob das bereits die neue Sprache war? Manchmal glaube ich, sie hat wünschen und fühlen verwechselt, die Gefühle hinkten einfach immer ihren Träumen hinterher. Ich wäre ihr gern einen Schritt entgegengekommen, aber sie war immer schon vor mir da, und so fühlte ich mich genarrt und entschied mich, wenn ich schon Hase sein sollte, im Wettkampf, der sich entspann, ihr einen Haken zu schlagen, so lange, bis ich sie schließlich eingeholt haben würde. Das A vergeben, mit jedem neuen Namen. Jeder weiteren Stadt. Und weiterwissen. Sie hatte immer wieder ihre Gefühle abgeschält, neugierig bis aufs Blut, das dabei zum Vorschein kam und sicherlich brannte. Ich weiß nicht, ob es ihr reichte, ihre Hand ließ sich nicht einfangen. Und die viel zu kurzen Fingernägel entzogen sich jedem Wachstum, ihre Zähne waren schneller.

„Ich fürchte mich vor der Schande, auf dieser Welt glücklich zu sein", hatte sie einmal gesagt und sicherlich etwas gemeint, was ich nicht kannte. Es klang nach Entscheidung, so viel hatte ich mitbekommen, aber nicht weiter darauf geachtet. Kurze Zeit später war sie verschwunden, und ich hatte nur noch diese zweite Karte aus Nepal bekommen:

„Bin zurück. Es ist heiß hier, Kathmandu erstickt im Staub", was erstaunlich genug war, hatte sie mir doch nach ihrem Urlaub zuvor erzählt, wie selten es sei, daß aufgrund der begehrten, wertvollen Briefmarken ein Brief oder bloß eine Karte das nepalesische Postsystem verlasse. Komisch, ich war mir sicher, daß ‚Urlaub' ein Begriff aus jenem anderen Leben sein würde, das bereits eine halbe Welt hinter ihr lag. In ihren Ohren Worte wie *namaste* und *sathi* und *pani tsa*, „willkommen" und „Freunde" und „daß es Wasser gebe". In ihre Ohren meine Worte. Nur hatte ich keine Ahnung, welche genau ich nun aussprechen sollte, damit auch Hanna sie verstand, und wie sie zu ihr gelangen sollten. Glück dürfte nicht darin vorkommen. Und auch kein Ich, soviel hatte ich begriffen. Auf ihre Briefe aus den USA habe ich ihr niemals geantwortet. Aber war denn meine Ankunft hier nicht Antwort genug?

Ob das schon die Zone war? Und wie würde ich mich darin bewegen ohne ihren verdammten Stalker. Vielleicht hatte sie mittlerweile schon das gesuchte Zimmer erreicht und nichts ließe sich mehr rückgängig machen, schon gar nicht ein Weg. Es hatte keinen Zweck, länger hier zu bleiben. Endgültig. Ich mußte Aeroflot anrufen, am besten gleich, und nach einem Rückflug fragen.

Wie sehr man sich fehlen kann, zeigt erst der Tod, denn er bedeutet dauerhafte Abwesenheit. „If your life is over, you'll fall." So einfach sagten es die nepalesischen Honigsammler beim Klettern an den steilen Hängen des Himalaya, denen Hanna einmal begegnet war, wie sie mir erzählt hatte. Der Tod kommt, egal an welchen Ort er sich dafür begeben muß, dann erst wird gestorben. Nicht anders herum. Sie hatte auch von einem Trauerzug in Kathmandu gesprochen, den sie mit einem Festumzug verwechselt hatte, weil sie außer den grünen Uniformen nichts erkennen konnte; erst als die weißgekleideten Träger mit der ebenfalls weißen Bahre kamen, wußte sie, was sie sah. In ihren Träumen, sagte sie, könne sie niemanden sterben lassen. Bin ich zu unaufmerksam gewesen?

Ich verpaßte den Himalaya auch auf dem Rückflug. Es war einfach zu dunkel, um etwas zu sehen. Als ich in meine Wohnung zurückkam, hatte mir der Anrufbeantworter einen Anruf gespeichert. Alarmiert reiste ich weiter.

Hannas Eltern in Jena wußten nicht, wer ich war. Erst als ich mich vorstellte, erzählten sie mir, was passiert war und gaben mir einen Brief, der an mich adressiert auf dem Schrank lag. Sie hatten sich immerhin die Mühe gemacht, meine Telefonnummer zu recherchieren, aber ich war viel zu verwirrt, um das zu registrieren. In dem großzügigen Flur sah es noch ganz nach Hanna aus, überall lagen Sachen verstreut, Kassenzettel, Fahrkarten, Notizblätter, die sie wohl in ihren Hosen- und Jackentaschen mit sich getragen hatte. Ich kannte diesen Anblick aus ihrer Wohnung in Berlin. Ich riß den Umschlag auf und erkannte den Brief sofort:

brief an einen der nicht verloren ging

ich grüße dich mein herzblut. deine finger trage ich als abdruck, doch was haben sie zu suchen auf meiner haut? braune flecken wie bei einer birne, die beleidigt reagiert, wenn man sie nicht auf der stelle verzehrt. verzehrst du dich schon? hast du schon blaue flecken auf dem mund? ich werde mein gesicht auf das herzfeld legen, dann streifen deine finger mich, wenn sie pflügen kommen. sag, hast du mich überschritten, von furche zu furche? warum das geländer zwischen den feldern? weil man fahrräder nicht von rechts schieben kann? weil man schwarze steine setzen muß, wenn man go spielt, damit sie sich von den weißen unterscheiden? weil der elektrische zaun impulse jagt, denen das herz nicht nachfolgen kann? mein gebiet ist abgesteckt, sichtbar. manchmal verläufst du dich auf dem direkten weg.
träume gibt es, die zu schön sind, in einem fremden bett geträumt zu werden. aber warum sollten wir dann noch in erfüllung gehen wie in zukunft, wenn es uns gibt?
eine katze kommt wieder. auch wenn sie nicht da ist. du bist doch nichtschwimmer, oder? auf den namen lisa hört jede, man muß sie nur zu rufen verstehen. hast du schon einmal eine glocke gegossen und hinterher geweint?
ich habe mich entschieden. wie klingt dir das. nicht weinen, ich kenne ja das rezept, der junge hat es mir verraten. eine bitte noch, tritt nah ans fenster, wenn du die elstern rufen hörst, vielleicht siehst du

Ich wußte nicht, daß sie tatsächlich mich gemeint hatte, damals, als ich diesen Brief bei ihr liegen sah. Vielleicht war ich auch bloß der Wunschadressat dieses Briefes, oder ich glaubte es allzu nötig und daher gierig. Mein Name stand in ihrer Schrift auf den Umschlag gekritzelt, innen keine Spur einer Anrede. Und wenn der Brief schon so lange lag, wie es die Eltern behaupteten, dann mußte er über ein Jahr alt sein. Da war sie noch nicht einmal nach Nepal aufgebrochen. Wie konnte sie da schon wissen, daß … Was hatte sie vorgehabt und warum bekam ich den Brief erst jetzt? Warum brach er einfach ab?

Ich ließ mir den Weg zum Friedhof erklären. Selbst der Friedhof sah wie ein Garten aus, mit hohen Bäumen und verborgenen Plätzen. Die Gärten seien die Mittler zwischen Zivilisation und Natur, das hatte sie mir einmal geschrieben und seither ihrer Vorliebe vertraut, die sie in Paris in die Parks getrieben hatte. Vielleicht wußte ein anderer noch mehr von den Gärten, nicht nur die Namen der Pflanzen und Bäume, aber darüber kein Wort, auch wenn sie einmal im Botanischen Garten von Jena gearbeitet hatte, wie ich mich erinnerte. Mir war die Verbannung der Stadt hinter die Mauern nur recht. Einen Moment lang wenigstens. Doch hatte Hanna hier nicht etwas verwechselt?

Wer von Zufällen sprach, traute sich nicht, die Bedeutungen abzuwägen. Name Stadt Fluß, Variation eines Buchstabens, wo lag ein Grund darüber hinaus. Manchmal spiegelte sich etwas wider, manchmal gefiel es dem Ort, begehbar zu sein. Und mußte der Blitz nicht dem Himmel entfahren, als er am heitersten war? Es war eine Entscheidung. Das mußte ich einsehen. Auch, daß ich meine zu spät getroffen hatte.

Ich habe nicht mehr mit ihren Eltern gesprochen, nachdem sie mir den Umschlag ausgehändigt hatten. Sie waren im Besitz meiner Telefonnummer, und das schien mir Anteil genug an meinem Leben zu sein. Bitterlich war nur eine Verschärfung von bitter. Das hatte Hanna wohl zuvor bedacht. Und ich gewöhnte mich an den Gedanken, jetzt, hier und Zeile um Zeile. Langsam. Wahrscheinlich noch langsamer, als ich denken konnte. Mein Jahr in weiß, mein Trauerjahr, das folgen würde. Es war nicht der Vater und ich nicht der älteste Sohn, daß auf solche Weise zu trauern mir nahegelegt wurde. Ich hatte Hanna geliebt. Das war auch alles. Mehr, als ich zu ertragen vermochte.

Statt dessen Träume vom Regenwald, der so dicht sein müßte, daß er vorm Regen schützte. Lange hatte sie mir diesen Namen so erklärt, wieder und wieder, und wider besseres Wissen erinnerte ich mich, bis ich selbst Tränen und Rotz nicht mehr bei mir behalten konnte. Dichter ging es nicht …

Manchmal hoffe ich, daß die Träume es mir abnehmen werden, Tag und Nacht zu morden, ich habe keine Lust mehr auf dieses ständige Nachwachsen von Haut, Nase und

Haaren. Doch noch habe ich keine Aussicht auf Erfolg. Und die Nachricht vom anderen Ende der Welt läßt auch auf sich warten – schwarz, weiß und diebisch. Addieren und dividieren wir, und bleiben wir gerecht.

Nicht daß sie die Wolken gekannt hätte von beiden Seiten, verdammt –

Letzter Fund

… and the wind turns the skin to leather.
OP8

manche verbringen ihr leben damit, schleifen aus schnürsenkeln zu binden, die sich immer wieder lösen, und sie versuchen es erneut, und wieder lösen sich die mühsam errungenen knoten, als könne die haftung nicht länger garantiert sein in der sich verflüchtigenden luft.

dabei gibt es mittlerweile auch reiß- und klettverschlüsse, schnallen und gummizüge, an deren berechtigter existenz jene zweifeln, ohne es zu ahnen.

du aber wirst dein leben in der hocke verbringen, die hände ins knotenspiel vertieft. als wäre das allein schon handwerk und fertigkeit genug, die ganze sache am laufen zu halten. unaufhaltsam, redest du dir ein. verlangte man von dir eine antwort, zögertest du aufzublicken. als stellte man noch rätsel, von denen ein kopf abhinge.

dabei hat sich die temperatur schon verändert, einen atem tiefer; die zeit der sandalen ist angebrochen wie eine neue jahreszeit. und als sei die allmähliche verfertigung der hornhaut beleg für die stattfindende anpassung an den wechsel des zeitalters, trägst du den hut bereits wieder im genick unter einer sonne umher, die sich dir zum trotz entschieden hat, kein erbarmen zu zeigen. wende dich ab, versuche es nur, es ist nicht genug, es wird auch nicht reichen. die krokodile und schlangen werden die erdgeschosse der wohnhäuser bevölkern. auch wenn sie zu schlafen vorgeben, registrieren sie schuhwerk und machart: absatz und höhe, geruch und material, riemen und schnüre wie haken und ösen. ebenfalls, ob die bewohner der oberen etagen – sofern es sich nicht um die längst vertriebenen handelt – die fahrstühle benutzen oder die treppen. ob sie licht anschalten und wie oft und ob sich die anzahl der lichtsehnsüchte verändert während eines auf- oder abstiegs.

im keller der häuser befindet sich ein gemeinschaftsraum. früher standen dort gartengeräte, ein holzkohlengrill, eine tischtennisplatte und weiße gartenstühle aus korb, die später aus plastik ersetzt und zu türmen aufgestapelt wurden, da man sie nicht mehr verwendete. der schlüssel zur anderen seite der häuser, zum abhang, hing in einem kasten neben der tür, und wenn der raum in benutzung war oder die bewohner zum strand hinter dem abhang hinuntergingen, ließen sie ihn im schloß stecken. seit die schlangen den vordereingang zum fahrstuhl bewachen und die krokodile den aufgang zum treppen-

haus, bleibt der keller ungenutzt, und die tür steht offen. die bewohner der oberen etagen trauen sich nicht mehr, stiefel anzuziehen und in den keller hinabzusteigen.

bis schließlich die dächer von den häusern abgetragen werden und eine etage nach der anderen zu folgen droht.

ein garten mit kindern, lange noch barfuß, wird der letzte sein vor der niederlage.

aussichten. sie sind schon gelöst.